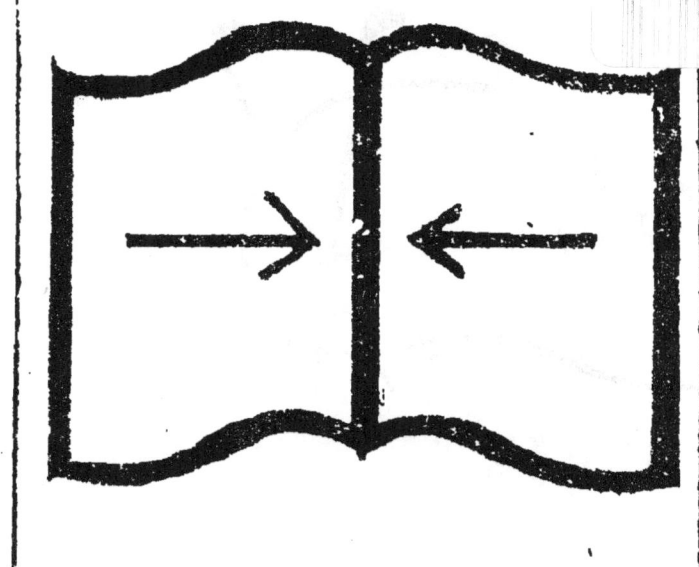

RELIURE SERREE
Absence de marges
Intérieures

VALABLE POUR TOUT OU PARTIE DU
DOCUMENT REPRODUIT

Début d'une série de documents en couleur.

LE CAS ÉTRANGE

DU

DOCTEUR JEKYLL

PAR

R.-L. STEVENSON

TRADUIT DE L'ANGLAIS PAR Mme B.-J. LOWE

PARIS
LIBRAIRIE PLON
E. PLON, NOURRIT ET Cie, IMPRIMEURS-ÉDITEURS
RUE GARANCIÈRE, 10

Tous droits réservés

EN VENTE A LA MÊME LIBRAIRIE

HENRY GRÉVILLE
Un Mystère. 10e édit. 1 vol.	3 fr. 50
L'Avenir d'Aline. 15e édit.	3 fr. 50
Louk Loukitch. 10e édit.	3 fr. 50
Chant de noces. 16e édit.	3 fr. 50
La Seconde Mère. 19e édit.	3 fr. 50
Nikanor. 13e édit. 1 vol.	3 fr. 50
La Fille de Dosia. 17e édit.	3 fr. 50
Frankley. 11e édit. 1 vol.	3 fr. 50
Le Comte Xavier. 10e édit.	3 fr. 50
L'Amie. 18e édit. 1 vol.	3 fr. 50
Dosia. 67e édit. 1 vol.	3 fr. »
Clairefontaine. 13e édit.	3 fr. 50
Le Mors aux dents. 9e éd.	3 fr. 50
Angèle. 17e édit. 1 vol.	3 fr. 50
Les Ormes. 13e édit. 1 vol.	3 fr. 50
Un Crime. 14e édit. 1 vol.	3 fr. 50
Folle-Avoine. 16e édit. 1 v.	3 fr. 50
L'Ingénue. 14e édit. 1 vol.	3 fr. 50
Cléopâtre. 15e édit. 1 vol.	3 fr. 50
Louis Breuil. 10e édit. 1 v.	3 fr. 50
Une Trahison. 17e édit.	3 fr. 50
Le Vœu de Nadia. 16e édit.	3 fr. 50
Rose Rozier. 10e édit. 2 vol.	6 fr. »
Perdue. 35e édit. 1 vol.	3 fr. 50
Le Fiancé de Sylvie. 17e éd.	3 fr. 50
Madame de Dreux. 14e éd.	3 fr. 50
Degrés de l'échelle. 12e éd.	3 fr. 50
Le Moulin Frappier. 13e éd.	6 fr. »
L'Héritage de Xénie. 16e éd.	3 fr. 50
Lucie Rodey. 18e édit. 1 vol.	3 fr. 50
Princesse Oghérof. 20e éd.	3 fr. 50
A travers champs. 7e édit.	3 fr. »
Suzanne Normis. 17e édit.	3 fr. 50
Cité Ménard. 14e édit. 1 vol	3 fr. 50
Croquis. 6e édit. 1 vol.	3 fr. »
Mariages de Philomène. 13e éd.	3 fr. 50
Un Violon russe. 13e édit.	6 fr. »
Bonne-Marie. 14e édit.	3 fr. »
Ariadne. 19e édit. 1 vol.	3 fr. 50
Marier sa fille. 24e édit.	3 fr. 50
Les Koumiassine. 17e édit.	7 fr. »
Maison de Maurèze. 14e éd.	3 fr. 50
Sonia. 32e édit. 1 vol.	3 fr. 50
La Niania. 21e édit. 1 vol.	3 fr. 50
L'Expiation de Savéli.	3 fr. »
Epreuves de Raïssa. 26e éd.	3 fr. 50
Nouvelles russes. 6e édit.	3 fr. 50
Comédies de paravent.	3 fr. 50

ALBERT DELPIT
Le Mariage d'Odette. 1 v.	3 fr. 50

BRADA
Madame d'Épone. 1 vol.	3 fr. 50
Compromise. 1 vol.	3 fr. 50
Mylord et Mylady. 1 vol.	3 fr. 50

PAUL PERRET
Les Derniers Rêveurs.	3 fr. 50
Les Demi-Mariages. 1 vol.	3 fr. 50

C. CANIVET
L'Amant de Rebecca.	3 fr. 50
Jean Dagoury. 1 vol.	3 fr. »
La Nièce de l'Organiste.	3 fr. 50

FORTUNÉ DU BOISGOBEY
Le Plongeur. 1 vol.	3 fr. 50
Marie Bas-de-Laine. 4e éd.	3 fr. 50
Double-Blanc. 3e édit. 2 vol.	7 fr. »
Décapitée. 5e édit. 1 vol.	3 fr. 50
Cornaline la Dompteuse.	3 fr. 50
Cœur volant. 2e édit. 2 vol.	7 fr. »
Porte close. 3e édit. 2 vol.	7 fr. »
Babiole. 3e édit. 2 vol.	6 fr. »
Margot la Balafrée. 2e éd.	6 fr. »
Le Collier d'acier. 3e édit.	3 fr. 50
Revanche de Fernande	3 fr. 50
Le Bac. 3e édit. 1 vol.	3 fr. 50
Le Crime de l'Omnibus.	3 fr. 50
Le Pavé de Paris. 4e édit.	3 fr. 50
L'Héritage de J. Tourniol	3 fr. 50
La Voilette bleue. 5e édit.	3 fr. 50
Le Chalet des Pervenches	3 fr. 50

ERNEST DAUDET
Daniel de Kerfons. 3e édit.	3 fr. 50
La Baronne Amalti. 1 vol.	3 fr. 50
Les Reins cassés. 5e édit.	3 fr. 50
Mademoiselle Vestris.	3 fr. 50
Zahra Marsy. Nouvelle édit.	3 fr. »
La Carmélite. 14e édit. 1 v.	3 fr. 50
Pervertie. 7e édit. 1 vol.	3 fr. 50
Défroqué. 14e édit. 1 vol.	3 fr. 50
Mon frère et moi. 6e édit.	3 fr. 50
Le Mari. 10e édit. 1 vol.	3 fr. 50
Les Persécutées. 1 vol.	3 fr. 50
La Marquise de Sardes.	3 fr. 50
Maison de Graville. 7e éd.	3 fr. 50

JACQUES VINCENT
Vaillante (Ce que femme veut)	3 fr. 50
Le Retour de la Princesse.	3 fr. 50
Misé Féréol. 3e édit. 1 vol.	3 fr. 50
Le Cousin Noël. 1 vol.	3 fr. 50
La Comtesse Suzanne. 1 v.	3 fr. 50

E. FROMENTIN
Dominique. 5e édit. 1 vol.	3 fr. 50

OUIDA
La Filleule des Fées. 2 vol.	7 fr. »
Fille du Diable! 2 vol.	7 fr. »
Cigarette. 3e édit. 2 vol.	6 fr. »

JEAN DE LA BRÈTE
Mon Oncle et mon Curé. 6e édit. 1 vol.	3 fr. 50

RENÉ MAIZEROY
Sensations. 7e édit. 1 vol.	3 fr. 50
La Grande Bleue. 5e édit.	3 fr. 50

CHARLES LOMON
Amour sans nom. 2e édit.	3 fr. 50
La Régina. 1 vol.	3 fr. 50
L'Amirale. 1 vol.	3 fr. »
L'Affaire du Malpéi. 1 vol.	3 fr. 50

HENRI GAULLIEUR
Maud Dexter. 1 vol.	3 fr. 50
Daniel Cummings. 1 vol.	3 fr. 50

SADIA
Titiane. 1 vol.	3 fr. 50

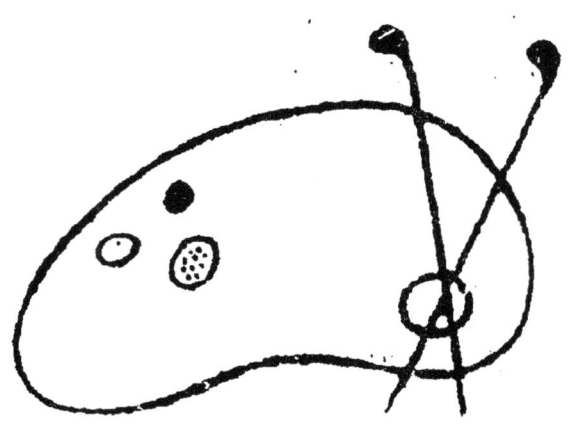

Fin d'une série de documents
en couleur

LE CAS ÉTRANGE

DU

DOCTEUR JEKYLL

L'auteur et les éditeurs réservent leurs droits de traduction et de reproduction à l'étranger.

Ce volume a été déposé au ministère de l'intérieur (section de la librairie) en juin 1890.

PARIS. TYP. DE E. PLON, NOURRIT ET Cie, RUE GARANCIÈRE, 8.

LE CAS ÉTRANGE

DU

DOCTEUR JEKYLL

PAR

 R.-L. STEVENSON

TRADUIT DE L'ANGLAIS PAR Mme B.-J. LOWE

PARIS
LIBRAIRIE PLON
E. PLON, NOURRIT et Cie, IMPRIMEURS-ÉDITEURS
RUE GARANCIÈRE, 10

Tous droits réservés

LE CAS ÉTRANGE
DU
DOCTEUR JEKYLL

I

L'HISTOIRE DE LA PORTE

M. Utterson, l'avocat, était un homme de rude apparence ; son visage ne s'éclairait jamais d'un sourire ; il était froid, sobre et embarrassé dans ses discours, très réservé, maigre, long, poussiéreux, morne, et ayant malgré cela un certain fonds d'amabilité. Dans une réunion d'amis, et quand le vin était à son goût, quelque chose d'éminemment humain éclairait ses yeux, quelque chose qui ne ressortait jamais dans sa conversation, mais qui se faisait sentir non seulement dans la face pleine de béatitude d'un homme qui vient de bien dîner, mais, le plus souvent et le plus fortement, dans les actions de sa vie. Il était austère pour lui-même, buvant du *gin* quand il était seul, pour mortifier son goût pour le vin. Et quoique aimant le théâtre, il y avait plus de trente ans qu'il n'avait franchi la porte d'aucune salle de spectacle. Mais il avait beaucoup d'indulgence pour les autres, s'étonnant, presque avec un sentiment d'envie, de leurs hauts faits, et au besoin plutôt enclin à leur venir en aide qu'à les blâmer. « Je tombe dans l'hérésie de Caïn, » disait-il bizarrement, « je laisse mes frères aller au diable comme ils l'entendent. » Alors il arrivait souvent qu'il se trouvait être la dernière relation avouable et la dernière influence honnête de certains hommes dans leurs dégringolades. Et à ceux-là, aussi longtemps qu'ils le fréquentaient, il ne laissait jamais apercevoir même un soupçon de changement dans ses manières.

C'était, sans aucun doute, chose facile pour M. Utterson, car, jusque dans ses meilleurs moments, il n'était aucunement démonstratif. Ses amitiés semblaient fondées sur la même religion de bonhomie. Il acceptait le cercle de ses amis tout prêt formé par les mains du hasard, ce qui est le fait d'une nature simple. Ses amis étaient généralement ses parents ou ceux qui lui avaient été le plus longtemps connus ; ses affections n'étaient le résultat d'aucun choix particulier, comme le lierre, elles croissaient avec le temps. De là, sans aucun doute, le lien qui l'unissait à M. Richard Enfield, son parent éloigné, l'homme bien répandu et connu par la ville. Que pouvait-il y avoir de commun entre ces deux hommes ? C'était là pour beaucoup un sujet de réflexion. Ceux qui les avaient rencontrés dans leurs promenades du dimanche racontaient qu'ils ne se disaient rien, qu'ils avaient l'air passablement ennuyé et qu'ils accueillaient avec un visible soulagement l'apparition d'un ami. Toutefois, ces deux hommes faisaient grand cas de ces excursions; ils les comptaient comme l'événement de la semaine, et non seulement repoussaient des occasions de plaisir, mais résistaient même aux appels d'affaires pour n'y apporter aucune interruption.

Il arriva que, pendant une de ces promenades, le hasard les amena dans une rue d'un dés quartiers les plus populeux et affairés de Londres. Cette petite rue était tranquille, quoique dans la semaine elle fût animée d'un grand mouvement commercial. Ses habitants semblaient être à leur aise et avoir l'espoir de faire mieux encore ; ils employaient le surplus de leurs gains en embellissements, ce qui donnait à toutes les boutiques le long de cette rue un aspect très séduisant, elles se tenaient là comme des rangées de souriantes et jolies vendeuses. Le dimanche, lorsque par conséquent les plus grands charmes de cette petite rue étaient voilés, elle ressortait quand même par contraste de son sombre voisinage; comme un incendie dans une forêt, elle en était le point lumineux. L'œil du passant était vivement et plaisamment attiré par la vue de ses persiennes fraîchement peintes, et de ses cuivres bien polis, par sa propreté et son air de gaîté.

A deux portes du coin de gauche en allant à l'Est, la rangée symétrique des maisons était interrompue par l'entrée d'une cour; à cet endroit même, un bâtiment d'aspect sinistre projetait son pignon sur la rue. Ce bâtiment à deux étages n'avait aucun indice de fenêtres, rien, qu'une porte au rez-de-chaussée au-dessus de laquelle s'élevait un grand mur décoloré, portant les marques d'une négligence sordide et remontant à de longues années. La porte n'avait ni sonnette ni marteau ; sa peinture, dont le temps avait changé la couleur, était soulevée à de certains endroits comme par des ampoules. Les vagabonds s'abritaient dans ses coins, et faisaient partir leurs allumettes sur les panneaux ; c'était le refuge ordinaire des enfants du quartier, qui essayaient leurs couteaux sur les moulures, et pendant près d'une génération personne ne s'était présenté pour chasser ces visiteurs de hasard, ou réparer leurs ravages.

M. Enfield et l'avocat marchaient de l'autre côté de la rue ; en arrivant en face dudit bâtiment le premier leva sa canne et, le désignant :

« Avez-vous jamais remarqué cette porte? » demanda-t-il ; et après avoir reçu une réponse affirmative de son compagnon, il ajouta : « Elle est associée dans mon esprit à une drôle d'histoire. »

« Vraiment ? » dit M. Utterson. « Qu'est-ce que c'est donc ? »

« Voilà, » répondit M. Enfield. « Une fois je revenais de très loin et rentrais chez moi vers trois heures du matin ; la nuit était noire et nous étions en hiver ; on ne voyait rien dans le quartier de la ville où je me trouvais, rien que des réverbères ; les habitants dormaient probablement, toutes les rues étaient éclairées comme pour une procession, et toutes étaient aussi vides qu'une église ; cet état de choses finit par m'agacer. Je commençai d'écouter, prêtant l'oreille au moindre bruit, et j'en arrivai à désirer la présence d'un policeman.

« Tout à coup j'aperçus un individu de petite taille qui marchait à grands pas, se dirigeant vers l'Est, et en même temps une petite fille qui descendait, en courant de toutes ses forces, une rue transversale. En tournant le coin tous les deux, il leur arriva ce qui devait naturellement arriver, ils se jetèrent l'un sur l'autre ; là mon cher ami, commence la partie horrible de l'histoire. L'homme renversa la petite fille et, au lieu de s'arrêter, lui passa froidement sur le corps, la laissant se débattre et crier sur le sol. A l'entendre, cela n'a l'air de rien ; à le voir, c'était diabolique ; ce n'était pas l'action d'un être humain, mais bien d'un damné Juggernaut. Je m'élançai en jetant un cri d'appel, je rattrapai mon homme, le saisis au collet, et le ramenai à l'endroit où s'était déjà formé un rassemblement autour de l'enfant qui pleurait. Il était parfaitement calme et ne fit aucune résistance, mais il me jeta un regard si méchant qu'il m'en passa une sueur. Les gens qui se trouvaient là étaient les parents de la petite fille, et bientôt apparût le docteur que l'on avait envoyé chercher. L'enfant avait eu plus de peur que de mal, assura-t-il, et l'incident semblait devoir finir là, sans une circonstance curieuse. Mon Monsieur m'avait à première vue inspiré un profond dégoût. Les parents de la petite semblaient aussi éprouver ce sentiment, ce qui de leur part n'était que très naturel ; mais ce qui m'étonna, ce fut le médecin.

1.

C'était un homme frappé sur le même moule que tous ses confrères, une espèce d'apothicaire sec, sans âge et sans couleur, possédant un fort accent Édimbourgeois et pas plus enclin à l'émotion qu'une cornemuse. Eh bien ! mon ami, il ressentit le même dégoût que nous tous, et à chaque fois que ses yeux tombaient sur mon prisonnier, je remarquai qu'il devenait pâle et malade de l'envie de le tuer. Je savais ce qui se passait dans son esprit aussi bien que dans le mien, et le meurtre étant hors de question, nous fîmes la seule chose possible. Nous menaçâmes cet homme de faire assez de bruit autour de cette affaire pour mettre son nom à l'index d'un bout de Londres à l'autre, et lui faire perdre ses amis et son crédit, s'il en avait. Pendant que nous jetions feu et flammes, nous étions en même temps obligés de le préserver de la fureur des femmes, lesquel-

les ressemblaient à des harpies déchaînées.
Je ne m'étais jamais trouvé dans un cercle
où toutes les figures portaient à un tel degré
l'empreinte de la haine ; lui était au milieu
du groupe, gardant un air de froideur mé-
prisante (cependant je m'étais aperçu qu'il
n'étais pas sans crainte), et supportant ces
assauts d'un air satanique. « Si vous voulez
spéculer sur cet accident, » dit-il, « naturellement je suis sans défense. Tout galant
homme évite les scènes. Combien voulez-
vous ? » Nous le fîmes monter jusqu'à cent
livres, pour la famille de l'enfant ; il se fût
probablement esquivé s'il l'eût pu, mais sans
doute notre air déterminé à tous le fit à la
fin céder. Il n'y avait plus qu'à toucher l'argent ; et où pensez-vous qu'il nous mena ?
Ici, à cette porte même, il sortit une clef de
sa poche, entra et revint bientôt avec dix livres en or et un chèque sur Boutt, paya-

ble au porteur pour le restant de la somme ; ce chèque était signé d'un nom que je ne veux pas donner, quoique cela soit un des points curieux de mon histoire, d'un nom bien connu et souvent imprimé. Les chiffres avaient été tracés d'une main raide, mais la signature était bonne pour beaucoup plus, si seulement elle était authentique. Je pris la liberté de faire remarquer à mon Monsieur que tout cela était pour le moins fantastique, que dans la vie réelle un homme n'entre pas à quatre heures du matin dans une maison qui ne lui appartient pas, et n'en sort pas avec un chèque de près de cent livres portant la signature d'une autre personne. Mais il paraissait très tranquille et même railleur. « Ne vous tourmentez pas, » dit-il, « je resterai avec vous jusqu'à l'heure de l'ouverture de la banque, et je toucherai le montant moi-même. » Nous nous mîmes alors en route, le docteur, le père de l'enfant et moi ; je les emmenai passer le restant de la nuit dans ma chambre, et le lendemain, après déjeuner, nous nous rendîmes tous ensemble à la banque. Je présentai le chèque moi-même, en faisant observer que j'avais de grands soupçons qu'il était faux ; mais pas du tout, il était bon. »

« Vraiment ! » fit M. Utterson.

« Je vois que, comme moi, » continua M. Enfield, « vous pensez que c'est une vilaine histoire ; d'autant plus vilaine que mon individu est un personnage avec lequel on n'aurait voulu avoir rien de commun, un vrai démon. La signature apposée sur le chèque était celle d'un homme des plus respectables, d'un homme célèbre et (ce qu'il y a de pire) d'un homme connu pour le bien qu'il fait. Ce doit être un cas de chantage, un honnête homme qui paie quelque péché de jeunesse ; en conséquence, j'ai baptisé cet endroit et je l'appelle : la Maison du chantage. Cependant, c'est loin d'expliquer l'affaire, » ajouta-t-il, et après cela il tomba dans une espèce de rêverie.

Il fut tiré de là par une question que lui fit soudainement M. Utterson :

« Alors, vous ne savez pas si celui qui a touché le chèque demeure ici ? »

« C'est un endroit qui lui irait bien, n'est-ce pas ? » répondit M. Enfield. « Mais par hasard j'avais remarqué son adresse, il demeure sur un square, je ne me rappelle plus lequel. »

« Et vous n'avez jamais pris de renseignements sur ce qui peut se trouver derrière cette porte ? » interrogea M. Utterson.

« Mon cher ami, » répondit l'autre, « c'était pour moi une question de discrétion. J'ai toute une théorie à ce propos. Questionner a trop de rapports avec le jugement dernier. Vous posez une première question ; c'est comme si vous étiez paisiblement assis sur le haut d'une colline, vous amusant à faire rouler une pierre ; cette pierre roule en entraînant d'autres avec elle ; tout à coup elles arrivent en avalanche renversant sur leur chemin quelque bon bourgeois prenant tranquillement le frais dans son jardin (un bourgeois que vous eussiez cru à l'abri de toute catastrophe), et voilà une famille en deuil. Mon cher, je me suis fait une règle : plus il y a de mystère, moins je cherche à l'approfondir. »

« C'est une très bonne règle, » dit l'avocat.

« Mais j'ai étudié l'endroit pour ma propre satisfaction, » reprit M. Enfield. « On ne dirait presque pas une maison habitable. Il n'y a pas d'autre porte que celle-là et personne n'y entre ni n'en sort, excepté, de temps en temps, le Monsieur de mon aventure. Il y a trois fenêtres sur la cour au premier étage ; ces fenêtres sont toujours fermées, mais elles sont propres ; il y a aussi une cheminée qui laisse toujours échapper de la fumée, ce qui indique que quelqu'un demeure là ; et encore, ce n'est pas très sûr, car les constructions sont tellement entassées dans le voisinage de cette cour qu'il serait difficile de dire où l'une finit et où l'autre commence. »

Ils continuèrent de marcher pendant un moment en silence et alors M. Utterson soudainement s'exclama : « Enfield, vous vous êtes fait une bonne règle. »

« Oui, c'est ce que je pense, » répondit Enfield.

« Cependant, je veux vous demander une chose : savez-vous le nom de l'individu qui est passé sur le corps de cet enfant ? »

« Oh ! » dit M. Enfield, « je ne vois pas de mal à le dire. Son nom est Hyde. »

« Hem ! » fit M. Utterson, « quelle espèce d'homme est-ce ? »

« Il n'est pas facile à décrire. Il y a quelque chose de douteux dans son apparence, quelque chose qui, à de certains moments, n'est que déplaisant et, dans d'autres, absolument détestable. Je n'ai jamais connu un autre homme qui m'inspirât autant de répulsion, et encore je ne pourrais dire pourquoi. Il doit avoir quelque difformité ; il vous donne très fortement cette impression, quoiqu'il me soit impossible de rien spécifier. C'est un homme extraordinaire, et cependant je ne puis rien me rappeler qui ne soit en lui très naturel. Non, mon ami, je ne puis le décrire, ni rien expliquer. Ce n'est pas un manque de mémoire, car je puis affirmer que je l'ai bien présent devant les yeux, en ce moment même. »

M. Utterson continua de marcher pendant quelques instants sans rien dire ; alors, après mûre réflexion évidemment, il demanda :

« Vous êtes sûr de l'avoir vu se servir d'une clef ? »

« Mon cher ami, » commença Enfield plus que surpris.

« Oui, je sais, » dit M. Utterson, « je sais que cela doit vous paraître étrange, mais le fait est que si je ne vous demande pas le nom de l'autre personne, c'est que je le sais déjà. Voyez-vous, Richard, votre histoire a pour moi un grand intérêt, et s'il s'y était glissé quelque erreur, je vous prierais de la rectifier. »

« Il me semble que vous auriez bien dû m'avertir, » fit l'autre avec une touche de mauvaise humeur. « Mais le récit que je vous ai fait est absolument exact, aussi exact que vous puissiez le désirer. Cet individu avait une clef, et je dirai même plus, il l'a toujours. Je l'ai vu s'en servir il n'y a pas huit jours !

Monsieur Utterson soupira profondément, mais ne dit mot. Le jeune homme reprit bientôt : « Voilà encore une leçon pour moi. Je suis honteux d'avoir une telle langue. Promettez-moi de ne jamais revenir sur ce sujet avec moi. »

« De tout mon cœur, » dit l'avocat. « Voilà ma main, Richard. »

II

A LA RECHERCHE DE M. HYDE

Ce jour-là, M. Utterson rentra dans son logement de garçon avec des idées sombres, et dîna sans plaisir. D'habitude, le dimanche, après ce repas, il allait s'asseoir près du feu, et là, avec quelque livre pieux et insignifiant reposant sur son pupitre, il attendait que la cloche de l'église voisine sonnât les douze coups de minuit ; alors, avec reconnaissance, sagement et posément, il se couchait. Mais ce soir-là, aussitôt que la table fut desservie, il prit une bougie et passa dans son cabinet. Alors il ouvrit son coffre-fort, et retira d'une cachette un dossier marqué sur son enveloppe : testament du docteur Jekyll. Il s'assit et, avec un froncement de sourcils, il se mit à examiner son contenu. C'était un testament olographe, car, quoique M. Utterson s'en fût chargé après qu'il eût été fait, il avait obstinément refusé son assistance pour le faire. Ce testament non seulement assurait qu'en cas de décès de l'éminent docteur Jekyll, membre de plusieurs sociétés savantes, toutes ses possessions passeraient dans les mains de son ami et bienfaiteur Edward Hyde, mais aussi qu'en cas de disparition du docteur, ou d'une absence inexpliquée pendant une période révolue de trois mois, ledit Edward Hyde entrerait en possession des biens de Henry Jekyll sans plus de délai, déchargé de toute obligation, à l'exception de quelques petites sommes payables aux gens de la maison du docteur. Ce document était

depuis longtemps la bête noire de l'avocat.
Il l'offusquait non seulement comme avocat,
dans son sens de la justice; mais aussi comme partisan des coutumes équitables et droites ; pour lui, le caprice était déshonnête.
Jusqu'à ce jour, son indignation ne s'était
enflammée que par son ignorance de ce
qui concernait M. Hyde ; aujourd'hui,
elle était avivée par ce qu'il avait appris.
C'était déjà pour lui une préoccupation intolérable, lorsqu'il se trouvait en face d'un
nom inconnu qui ne lui disait rien ; ce fut
bien pire lorsque ce nom lui apparut dans
un encadrement repoussant, et qu'un pressentiment défini fit surgir un démon de cette
obscurité impénétrable et immatérielle derrière laquelle il n'avait jusque-là rien distingué.

« Je croyais que c'était de la folie, » dit-il
en replaçant le document répréhensible

dans le coffre-fort; « mais maintenant je commence à craindre que ce ne soit une honte.»

Là-dessus il souffla sa bougie, endossa son pardessus et se dirigea du côté de Cavendish square, cette citadelle médicale, où son ami le docteur Lanyon avait sa demeure et recevait la foule nombreuse de ses malades.

« S'il y a quelqu'un qui sait quelque chose, ce doit être Lanyon, » s'était-il dit.

Le solennel maître d'hôtel le reconnut et l'accueillit gracieusement; il n'attendit pas longtemps; il fut immédiatement introduit dans la salle à manger, où il trouva le docteur Lanyon seul à table. C'était un homme d'une apparence robuste et pleine de santé; il était vif, allègre; il avait une face rougeaude, et son crâne était recouvert d'une touffe de cheveux hérissés et blanchis avant l'âge; ses manières étaient bruyantes et impétueuses. En apercevant M. Utterson il sauta de sa chaise et lui serra chaleureusement les deux mains. Sa cordialité paraissait bien quelque peu théâtrale, mais elle n'en reposait pas moins sur un fond de sentiment véritable ; car lui et l'avocat étaient de vieux amis, de vieux camarades de collège et d'études, se respectant l'un l'autre sans aucune réserve ; et, ce qui n'arrive pas toujours, heureux de se retrouver.

Après quelques instants de conversation décousue, l'avocat aborda le sujet qui le préoccupait d'une façon si désagréable.

« Lanyon, » dit-il, « je crois que vous et moi sommes les deux plus vieux amis de Henry Jekyll. »

« Je voudrais bien que les amis soient plus jeunes, » s'écria le docteur Lanyon ; « mais en admettant que nous sommes ses plus vieux amis ; quoi ? Je le vois très peu maintenant. »

« Vraiment ? » dit Utterson ; « je croyais qu'il y avait beaucoup de rapports dans vos goûts, que vous vous intéressiez aux mêmes questions » ?

« Oui, c'est vrai », répliqua l'autre ; « autrefois, mais il y a plus de dix ans que je me suis aperçu que les idées de Henry Jekyll étaient devenues trop fantastiques pour moi. Il commença de suivre une mauvaise route ; son esprit était de travers ; et quoique naturellement je continue de lui porter beaucoup d'intérêt, en mémoire de nos souvenirs, comme on dit, je l'ai vu et le vois diablement peu. Un tel galimatias de choses soi-disant scientifiques, ajouta le docteur s'empourprant tout à coup, eût amené la désunion entre Damon et Pythias. »

Ce petit accès de mauvaise humeur soulagea un peu M. Utterson.

« Ils diffèrent sur quelque point scientifique, » pensa-t-il, « et ont eu une discussion à ce sujet ; et la science le laissant lui-même assez froid (excepté en matière légale, sur les actes de transmission de propriété), il ajouta même : C'est vraiment bien futile ! Il donna à son ami le temps de se remettre, et alors aborda la question qu'il était venu pour poser : «' Avez-vous jamais rencontré un de ses protégés, un nommé Hyde ? »

« Hyde ! » répéta Lanyon, « non, je n'ai jamais entendu parler de lui. C'est depuis mon temps. »

Ce fut tout ce que l'avocat put obtenir d'informations. La nuit lui apporta très peu de repos, il se tourna et se retourna dans son grand lit jusqu'à l'aube, son esprit actif s'agitant dans les ténèbres et se posant mille questions. Six heures sonnèrent à l'horloge de l'église qui se trouvait si commodément placée près de la maison de M. Utterson ; et il était toujours en train de sonder ce problème. Jusqu'ici cela ne l'avait touché que du côté intellectuel ; maintenant, son imagination aussi y prenait part, elle en devenait même l'esclave, et pendant son agitation de la nuit, et dans l'obscurité de la chambre, rendue encore plus intense par les rideaux soigneusement tirés, l'histoire de M. Enfield repassait dans son esprit, se déroulant devant ses yeux comme un tableau d'images coloriées. Il voyait le grand champ de lumière formé par l'éclairage nocturne d'une grande ville, ensuite il distinguait la forme d'un individu marchant rapidement, et aussi celle d'une enfant courant, en revenant de chez le médecin où elle avait été envoyée ; alors il voyait leur rencontre, il voyait ce Juggernaut humain fouler la petite fille sous ses pieds et passer outre, sans s'inquiéter de ses cris. Ou encore il pouvait voir son ami couché dans la chambre d'une riche maison, dormant et souriant à ses rêves, quand tout à coup la porte de cette chambre s'ouvrait, les rideaux du lit étaient entr'ouverts, le dormeur était tiré de son sommeil, et — horreur! à ses côtés se tenait un homme ayant le pouvoir de commander; à son ordre il voyait son ami obligé, à cette heure de la nuit, quand tout est pour ainsi dire mort, de se lever et d'obéir. La vision de cet homme sous ces deux formes obséda l'avocat toute la nuit, et même s'il sommeillait, il voyait cette ombre se glissant le long des maisons endormies, où il la voyait passer et repasser d'une marche de plus en plus rapide, jusqu'à lui donner le vertige, à travers les labyrinthes de la ville illuminée, et à chaque coin de rue écraser une enfant et la laisser gisant sur le sol et criant. Même dans ses rêves sa vision n'avait pas de visage par lequel il pût la reconnaître, ou, si elle en avait un, c'était pour se jouer de lui, en s'évanouissant devant ses yeux. Et voilà comment dans l'esprit de l'avocat avait germé et crû avec rapidité une curiosité ardente, singulière et déréglée, de voir les traits du réel M. Hyde. S'il pouvait les voir seulement une fois, pensait-il, le mystère serait éclairci et deviendrait aussi banal que le deviennent généralement les mystères quand on les examine de près. Il aurait peut-être pu deviner les causes de la préférence de son ami, ou les liens qui l'attachaient, il aurait peut-être même pu deviner une raison pour les clauses surprenantes du testament. Dans tous les cas, la figure de cet homme valait la peine d'être vue, la figure d'un homme sans entrailles et sans pitié qui n'avait qu'à se montrer pour élever dans l'âme du peu impressionnable Enfield un sentiment de haine durable.

A partir de ce moment, M. Utterson devint un habitué de la rue où se trouvait la porte mystérieuse. Le matin, avant l'heure de l'ouverture de son cabinet, à midi, quand il avait beaucoup d'affaires et peu de temps à lui, et le soir, à la clarté brumeuse de la lune, par beau ou mauvais temps, aux heures de foule ou de solitude, on trouvait l'avocat fidèle au poste qu'il s'était choisi. « S'il fait celui qui se cache, je ferai celui qui cherche, » pensait-il. Sa patience fut enfin récompensée. Ce fut par une belle soirée : le temps était froid et sec, il y avait de la gelée dans l'air, le pavé de la rue était aussi propre que le parquet d'une salle de danse. La lumière des réverbères, n'étant pas agitée par le vent, projetait à intervalles égaux l'ombre et la lumière. Vers dix heures, quand les boutiques étaient fermées, la rue était très déserte et tranquille, malgré les sourds grondements de Londres tout à l'entour. Les petits bruits avaient beaucoup de portée ; les différents sons sortant des maisons étaient clairement intelligibles, et le résonnement des pas des passants se faisait entendre de très loin. M. Utterson n'était à son poste que depuis quelques instants, quand le bruit d'un pas bizarre et léger arriva jusqu'à son oreille. Il avait eu le temps, depuis qu'il avait commencé ses observations, de distinguer le bruit singulier avec lequel, pendant la nuit, les pas d'une personne seule se font entendre soudainement par-dessus le vaste bourdonnement de la ville. Cependant son attention n'avait jamais été si vivement et si décidément excitée, et ce fut avec un fort pressentiment de succès qu'il s'enfonça sous le portail de la cour.

Les pas se rapprochaient rapidement et furent plus distincts quand ils eurent tourné le coin de la rue. L'avocat aux aguets aperçut bientôt l'espèce d'homme auquel il allait avoir affaire. Il était de petite taille et vêtu très simplement, mais son apparence, même à cette distance, prévint fortement contre lui celui qui le surveillait. Il marcha droit à la porte, traversant au plus court, et en approchant il tira une clef de sa poche, comme le ferait une personne rentrant chez elle.

M. Utterson s'avança alors, et en passant le toucha à l'épaule : « Monsieur Hyde, si je ne me trompe ? » dit-il.

M. Hyde se recula en laissant échapper un petit sifflement des poumons. Mais sa peur ne fut que momentanée, et quoiqu'il ne regardât pas l'avocat en face, il répondit assez froidement : « C'est mon nom, que voulez-vous ? »

« Je vois que vous allez entrer, » répondit l'avocat. « Je suis un vieil ami du docteur Jekyll, — M. Utterson, de Gaunt street, — vous devez avoir entendu parler de moi, et, vous rencontrant si à propos, j'ai pensé que vous pourriez m'admettre dans la maison. »

« Vous ne trouveriez pas le docteur Jekyll, il est absent, » répliqua M. Hyde, tout en soufflant dans la clef, et, sans relever la la tête, il ajouta soudain : « Comment avez-vous su qui j'étais ? »

« De votre côté, » dit M. Utterson, « voulez-vous me faire une faveur ? »

« Avec plaisir, » répliqua l'autre ; « que voulez-vous ? »

« Je voudrais vous voir la figure, » répondit l'avocat.

M. Hyde parut hésiter, mais, avec une détermination subite, il releva la tête, et les deux hommes se regardèrent fixement pendant quelques secondes. « Maintenant, je vous reconnaîtrai, » dit M. Utterson ; « cela peut être utile. »

« Oui, » fit M. Hyde ; « il vaut mieux que nous nous soyons rencontrés, et à propos vous devriez avoir mon adresse. » Et il lui donna le numéro d'une rue dans Soho.

« Grand-Dieu ! » se dit M. Utterson, « lui aussi pensait-il au testament ? » Mais il garda ses réflexions, se contentant de grommeler quelque chose en reconnaissance de l'adresse reçue.

« Et maintenant, » demanda l'autre, « comment m'avez-vous connu ? »

« D'après une description, » fut la réplique.

« La description de qui ? »

« Nous avons des amis communs, » dit M. Utterson.

« Des amis communs, » répéta M. Hyde d'une voix un peu rauque. « Qui sont-ils » ?

« Jekyll, par exemple, » fit l'avocat.

« Il ne vous a jamais rien dit, » s'écria M. Hyde ; « je ne vous aurais pas cru capable de mentir. »

« Allons, » dit M. Utterson ; « vos paroles sont un peu vives. »

L'autre ricana sourdement ; avec une précipitation extraordinaire, il ouvrit la porte et disparut dans l'intérieur de la maison.

L'avocat resta là sans bouger pendant quelques instants, après la disparition de M. Hyde, les traits de son visage laissant apercevoir le trouble de son esprit. Enfin, il remonta doucement la rue, s'arrêtant par intervalles, et portant la main à son front comme un homme en grande perplexité. Le problème qu'il débattait tout en marchant était de l'ordre de ceux qui sont rarement résolus. M. Hyde était pâle et malingre, il donnait l'impression d'être difforme, sans que l'on pût qualifier sa difformité ; il avait un sourire déplaisant ; il s'était conduit vis-à-vis de l'avocat avec une timidité mélangée d'impudence ; il parlait d'une voix âpre, basse et tant soit peu brisée : autant d'arguments contre lui ; mais tous ces arguments réunis ne pouvaient pas expliquer ce sentiment inconnu de dégoût, d'horreur et de frayeur, avec lequel M. Utterson le considérait. « Il doit y avoir autre chose, » pensa-t-il dans sa perplexité. Il y a autre chose, si je pouvais seulement trouver le mot pour l'énoncer. Que le bon Dieu me bénisse, si cet homme a rien d'humain ! Est-ce quelque chose de troglodytique ? ou est-ce simplement le rayonnement d'une âme immonde qui traverse son enveloppe corporelle et la défigure ? Ce doit être cela ; car, oh ! mon pauvre vieil ami

Jekyll, si jamais j'ai lu la signature de Satan sur la face de quelqu'un, c'est sûrement sur celle de votre nouvel ami. »

Après avoir tourné le coin de la rue, on apercevait une rangée de vieilles et belles maisons, la plupart déchues de leur haut rang, et converties en appartements et chambres, loués à des hommes de toutes sortes et de toutes conditions, des graveurs, des architectes, des avocats sans causes et des agents d'entreprises obscures. Une de ces maisons, toutefois, la seconde au coin, était entièrement occupée par la même personne, et quoique plongée dans l'obscurité, à l'exception d'une lumière qui s'apercevait à travers la fenêtre en éventail au-dessus de la porte d'entrée, elle avait un grand air de fortune et de bien-être. M. Utterson s'arrêta là et frappa. Un domestique en bonne tenue et d'un âge déjà mûr ouvrit la porte.

« Le docteur Jekyll, est-il chez lui, Poole? » demanda-t-il.

« Je vais voir, Monsieur Utterson, » répondit Poole, tout en faisant entrer le visiteur dans un grand vestibule, bas de plafond, pavé de dalles, chauffé, à la mode de la campagne, par un grand feu de cheminée et meublé luxueusement de vieux chêne.

« Voulez-vous attendre ici, près du feu, Monsieur? ou voulez-vous que je vous donne de la lumière dans la salle à manger? »

« Ici, merci, » dit l'avocat; il s'approcha du feu et posa les pieds sur le grand garde-feu. Ce vestibule, dans lequel il se trouvait maintenant seul, était particulièrement affectionné par son ami le docteur, et Utterson lui-même avait l'habitude d'en parler, comme étant, dans son genre, l'endroit le plus charmant de Londres. Mais ce soir-là il n'était pas en état de l'apprécier ; il avait d'étranges sensations, il se sentait comme un frémissement dans le sang, la vie semblait lui être à charge, le visage de M. Hyde s'appesantissait lourdement dans sa mémoire, et la mélancolie de son esprit lui faisait voir une menace dans la vacillation de la flamme sur le poli des meubles, et dans le tressaillement inquiet de l'ombre projetée au plafond. Il fut honteux du soulagement qu'il éprouva, quand Poole revint pour lui annoncer que le docteur Jekyll était sorti.

« J'ai vu M. Hyde entrer par la vieille porte de la salle de dissection, Poole, » dit-il. « Cela ne fait rien quand le docteur Jekyll n'est pas chez lui ? »

« Non, c'est très bien, Monsieur Utterson, » répliqua le domestique. « Monsieur Hyde a une clef. »

« Votre maître paraît avoir une confiance

bien grande dans ce jeune homme, Poole, » reprit l'avocat, rêvassant.

« Oui, Monsieur, il est certain qu'il en a beaucoup, » dit Poole. « Nous avons tous reçu l'ordre de lui obéir. »

« Je ne crois pas avoir jamais rencontré M. Hyde? » demanda Utterson.

« Oh! vraiment, non, Monsieur ; il ne dîne jamais ici, » répliqua le maître d'hôtel. « Nous ne le voyons que rarement de ce côté de la maison, il va et vient presque toujours par le laboratoire. »

« Eh bien! bonsoir, Poole. »

« Bonsoir, Monsieur Utterson. »

L'avocat reprit le chemin de sa demeure avec un cœur bien gros. « Pauvre Henry Jekyll, » pensait-il, « j'ai peur qu'il ne soit dans de mauvais draps! Il a été très dissipé dans sa jeunesse; il est vrai qu'il y a longtemps de cela, mais il n'y a pas de statuts limitant la loi divine. Oui, ce doit être cela : le fantôme d'une ancienne faute, la plaie de quelque honte cachée, la punition venue, *pede claudo*, des années après que la mémoire avait oublié. Alors, effrayé rien qu'à cette pensée, l'avocat s'absorba pendant un moment sur son propre passé, tâtonnant dans tous les coins de sa mémoire, pour voir si, par hasard, il ne trouverait pas quelque vieux péché, qui, comme un diable à ressort, se ferait jour tout à coup. Son passé était bien sans reproches, peu d'hommes pourraient revoir le déroulement de leur vie avec moins d'appréhension; malgré cela il se trouva humilié jusqu'à terre par beaucoup de mauvaises actions qu'il avait commises, et il fut relevé avec un sentiment de reconnaissance triste et grave par celles qu'il avait été si près de commettre, mais cependant qu'il avait évitées. Revenant alors à son premier sujet, il eut une étincelle d'espoir. « Ce M. Hyde, » pensa-t-il, « doit avoir des secrets ; des secrets bien noirs, à en juger par l'apparence, et quelque honteux que puissent être ceux de Jekyll, comparés à ceux de cet homme, ils ressembleraient à un rayon de soleil. Cet état de choses ne peut continuer. J'ai froid dans le dos à la pensée de cet être se glissant aux côtés du lit de Henry, pauvre Henry, quel réveil ! Sans compter le danger, car si ce Hyde soupçonne l'existence du testament, il peut devenir impatient d'hériter. Allons, il faut que je donne un coup de main à la roue ; si Jekyll veut me laisser faire, » ajouta-t-il, « si toutefois Jekyll veut me laisser faire. » Car il revoyait clairement devant ses yeux les clauses étranges du testament.

III

LE DOCTEUR JEKYLL FORT A L'AISE

Quinze jours plus tard, par un excellent effet du hasard, le docteur donna un de ses charmants dîners à cinq ou six de ses vieux intimes, tous hommes honorables, intelligents, et tous juges en fait de bon vin. M. Utterson s'arrangea pour rester en arrière après le départ des autres convives. Ce n'était pas là chose nouvelle. Il lui arrivait constamment d'être retenu par ses hôtes, qui aimaient à jouir de sa société tranquille et discrète, après que les convives frivoles et bavards avaient, par leur départ, amené une plus douce intimité. Son silence plein de richesse les préparait à la solitude et tempérait leurs idées, après les frais et les efforts de gaîté de la soirée. Dans les endroits où on aimait Utterson, il était bien aimé. Le docteur Jekyll ne faisait pas exception à cette règle et en l'examinant, assis près du feu comme il était maintenant (un homme d'une cinquantaine d'années, d'un visage beau et noble sans barbe, le regard un peu sournois peut-être, mais cependant portant l'expression de la bonté et de l'intelligence), on pouvait voir qu'il nourrissait pour M. Utterson une affection chaude et sincère.

« Il y a longtemps que j'ai envie de vous parler, Jekyll ; » commença ce dernier. « Vous savez votre testament ? »

Un profond observateur eût pu se convaincre que ce sujet était désagréable au docteur, mais il prit son parti gaiement.

« Mon pauvre Utterson, » dit-il, « vous n'avez pas de chance d'avoir un tel client. Ce testament est pour vous une cause de tourments auxquels je ne vois de comparable que le supplice que j'ai infligé à ce pédant de Lanyon, avec mes soi-disant hérésies scientifiques. Oh! je sais que c'est un bon garçon, — ne froncez point le sourcil, — un excellent garçon, — et je me promets toujours de le voir plus souvent ; mais cela ne l'empêche pas d'être un pédant, qui ne voit pas plus loin que le bout de son nez ; c'est un ignorant, c'est un pédant tapageur. Jamais aucun homme ne m'a autant désappointé que Lanyon. »

« Vous savez que je ne l'ai jamais approuvé, » dit Utterson, poursuivant son idée avec une persistance impitoyable.

« Mon testament ? oui, certainement, je le sais, » répondit le docteur un peu aigrement. « Vous me l'avez déjà dit. »

« Eh ! je vous le dis encore, » continua l'avocat. « J'ai entendu parler du jeune Hyde. »

Le grand et beau visage du docteur Jekyll pâlit, même ses lèvres blêmirent. « Je ne tiens pas à en entendre davantage, » dit-il. « Je croyais que nous étions convenus de ne plus revenir sur ce sujet ? »

« Ce que j'ai entendu était abominable, » fit Utterson.

« Cela ne change rien. Vous ne comprenez pas ma position, » continua le docteur d'une façon incohérente. « Ma situation est pénible, Utterson, ma situation est très étrange. C'est une de ces situations qu'on ne peut améliorer par des paroles. »

« Jekyll, » répliqua M. Utterson, « vous me connaissez ; je suis un homme en qui on peut avoir confiance. Faites-moi une entière confidence, et je ne doute pas que je puisse vous sortir de là. »

« Mon cher Utterson, » dit le docteur, « c'est trop de bonté ; vous êtes très, très bon, et je ne puis trouver de mots pour vous remercier. Je vous crois sincèrement. Je ne connais pas un autre homme en qui j'aurais plus de confiance ; oui, plus qu'en moi-même si j'avais à choisir ; mais je vous assure que ce n'est pas ce que vous pensez ; le mal n'est pas aussi grand, et rien que pour rendre le repos à votre bon cœur, je vais vous dire une chose : c'est qu'aussitôt que je voudrai je puis me débarrasser de M. Hyde, je vous en donne ma parole ; laissez-moi vous remercier encore et encore ; je n'ajouterai qu'un mot, Utterson, et je sais que vous le prendrez en bonne part : c'est une affaire tout à fait personnelle, et, je vous prie, laissez-la dormir. »

Utterson réfléchit quelques instants, ses regards dans le feu. « Je ne doute pas que vous ayez tout à fait raison, » dit-il enfin en se levant.

« J'en suis heureux, mais puisque nous avons abordé la question, et pour la dernière fois, je l'espère, » continua le docteur, « il y a un point que j'aimerais à vous faire comprendre. Je prends un véritable intérêt à ce pauvre Hyde. Je sais que vous l'avez vu ; il me l'a dit ; et j'ai peur qu'il n'ait été brutal. Toutefois, je lui porte un intérêt bien sincère, très, très sincère, et s'il m'arrivait quelque chose, Utterson, je veux que vous me promettiez de l'endurer et de lui faire rendre justice. Je crois que vous le feriez si vous connaissiez les choses à fond, et ce serait un grand poids de moins pour moi, si vous vouliez me faire cette promesse. »

« Je ne puis vous promettre d'avoir jamais aucune sympathie pour lui, » dit l'avocat.

« Je ne vous demande pas cela, » implora Jekyll, pesant sa main sur le bras de son ami, « je ne demande que justice pour lui, je demande seulement que vous lui prêtiez aide en souvenir de moi, quand je ne serai plus là. »

Utterson ne put réprimer un soupir. « Soit, » dit-il, « je promets. »

IV

LE MEURTRE CAREW

Près d'un an plus tard, dans le mois d'octobre 18..., Londres retentit du bruit d'un crime d'une férocité singulière, crime que la haute position de la victime rendait d'autant plus remarquable. Les quelques détails connus étaient effrayants. Une servante, habitant seule une maison proche de la rivière, était montée à sa chambre pour se coucher vers onze heures. Quoique plus tard, vers deux ou trois heures du matin, un brouillard se fût étendu sur la ville, la première partie de la nuit avait été très claire, et la ruelle sur laquelle la fenêtre de cette jeune bonne donnait était brillamment éclairée par la pleine lune. Cette pauvre fille penchait évidemment, ce soir-là, au sentiment, car s'étant assise sur un coin de sa malle, près de la fenêtre, elle se mit à rêver. « Jamais, » (disait-elle avec un torrent de larmes en racontant l'aventure), « jamais elle n'avait eu la conscience si tranquille, et ne s'était jamais sentie si bien disposée envers l'humanité en général. » En s'asseyant, elle remarqua la présence d'un vieux Monsieur, à l'air vénérable et à cheveux blancs, qui s'avançait dans la ruelle à la rencontre d'un autre personnage, un homme d'une taille au-dessous de la moyenne; elle fit d'abord moins attention à ce dernier. Quand ils se furent approchés (chose qui arriva juste sous la fenêtre de la jeune fille), le plus vieux Monsieur salua et accosta l'autre avec beaucoup de politesse. Ce qu'il disait n'avait pas l'air bien important ; on eût plutôt supposé, d'après ses gestes, qu'il demandait son chemin ; la lune éclairait en plein son visage, et la jeune fille prenait plaisir à le regarder: ses traits respiraient la douceur et la bonté, et cependant il avait aussi quelque chose de grand et d'imposant ; ce quelque chose devait venir d'un sentiment de satisfaction, bien fondé, de lui-même. Elle porta alors les yeux sur l'autre individu et fut surprise de le reconnaître pour un certain M. Hyde, qui était une fois venu pour voir son maître, et pour lequel elle avait, à première vue, conçu une espèce d'aversion. Il avait à la main une lourde canne, qu'il s'amusait à faire tourner ; mais il ne disait pas un mot, et paraissait écouter son interlocuteur avec une impatience mal contenue. Tout à coup il devint très en colère, frappant du pied, brandissant sa canne, comme un fou (d'après le rapport de la jeune fille). Le vieux Monsieur fit un pas en arrière, avec une expression de surprise et l'air un peu fâché; alors, M. Hyde sembla avoir perdu tout empire sur lui-même; il se mit à l'assommer à coups de canne, ne s'arrêtant qu'après que sa victime fut tombée; ensuite, il piétina son corps avec une fureur de singe, et lui appliqua une grêle de coups telle que les os furent horriblement fracassés; le corps en sursauta. A l'horreur de cette scène la jeune fille s'évanouit.

Il était deux heures quand elle revint à elle et appela la police. Le meurtrier s'était enfui depuis longtemps, mais sa victime était toujours étendue au milieu de la ruelle, mutilée au delà de toute croyance. La canne avec laquelle cet exploit avait été accompli était d'un bois très rare, et quoiqu'il fût aussi lourd et très dur, elle s'était rompue au milieu sous la violence de cette cruauté insensée ; un bout qui était fendu avait roulé dans le ruisseau, l'autre, sans aucun doute, avait été emporté par le meurtrier. Une bourse et une montre en or furent trouvées sur la victime, mais pas de cartes, ni de papiers, à l'exception toutefois d'une lettre cachetée et timbrée que probablement elle portait à la poste, laquelle portait le nom et l'adresse de M. Utterson.

On l'apporta à l'avocat le lendemain matin, avant qu'il fût levé. A peine l'eut-il vue et eut-il appris les circonstances que son visage prit une expression solennelle. « Je ne dirai rien jusqu'à ce que j'aie vu la victime, » dit-il; « cela peut être très sérieux. Ayez la bonté de m'attendre pendant que je m'habille. Et, avec la même contenance grave, il dépêcha son déjeuner, prit une voiture, et se fit conduire au bureau de police, où le corps avait été déposé. A son entrée dans la cellule il fit un signe d'assentiment : « Oui, » dit-il, « je le reconnais, je suis fâché de constater que ce sont les restes de sir Danvers Carew. »

« Bonté divine ! » exclama l'officier, « est-ce possible, Monsieur ? » Ses yeux alors brillèrent d'un éclat professionnel. « Cela va faire beaucoup de bruit, » ajouta-t-il, « peut-être pourriez-vous nous donner quelques renseignements utiles. » Il se mit alors à raconter brièvement la scène à laquelle la jeune fille avait assisté, et il montra la canne brisée.

M. Utterson s'était déjà senti mal à l'aise au nom de M. Hyde, mais à la vue de la canne, il ne put douter plus longtemps ; toute brisée et abîmée qu'elle fût, il la reconnut comme étant un cadeau qu'il avait fait lui-même à Henry Jékyll, quelques années auparavant.

« M. Hyde est un homme de petite taille, n'est-ce pas ? » dit-il.

« Particulièrement petit, et de mauvaise mine d'après l'impression de la jeune fille, » répondit l'officier.

M. Utterson réfléchit et, relevant la tête, il dit : « Si vous voulez m'accompagner dans ma voiture, je pense que je puis vous conduire à sa demeure. »

Il était vers les neuf heures du matin, et le premier brouillard de la saison luttait courageusement pour s'établir sur la ville. Un voile couleur de chocolat planait au-dessus de la tête ; mais le vent ne cessait d'attaquer et de mettre en déroute ces vapeurs batailleuses, ce qui donna à M. Utterson le loisir d'observer un nombre merveilleux de degrés et nuances crépusculaires ; ici, il faisait presque noir, comme lorsque le jour touche à sa fin ; là, s'étalait une riche couleur d'un brun sombre et brillant, ressemblant à une lueur d'incendie; plus loin et pendant un instant, le brouillard disparaissait complètement, et un trait hagard de lumière perçait entre les nuages onduleux du brouillard.

Le sinistre quartier de Soho, vu sous ces différents aspects, avec ses rues boueuses, ses passants malpropres et ses réverbères non éteints, ou au moins qui avaient été rallumés pour combattre cette nouvelle invasion des ténèbres, paraissait aux yeux de l'avocat comme un district de quelque ville vue sous l'influence d'un cauchemar. De plus, ses pensées étaient des couleurs les plus sombres; et après avoir jeté un regard sur son compagnon, il ressentit une attaque de cette terreur que la loi et ses officiers imposent, à de certains moments, même aux gens les plus honnêtes.

Quand la voiture arriva à l'adresse indiquée, le brouillard s'éleva un peu et lui laissa distinguer une rue sombre, un cabaret, un restaurant français de bas étage, une foule d'enfants en loques amoncelés sous les portes et aussi quantité de femmes appartenant à toutes les nationalités, sortant, leur clef à la main, pour prendre leur petit verre du matin; l'instant d'après, le brouillard couleur de terre d'ombre retomba sur le tout et l'isola de cet entourage canaille. C'était dans ce milieu que demeurait le favori de Henry Jekyll, le futur héritier d'un quart de million de livres sterling.

Une vieille femme à figure d'ivoire et aux cheveux argentés ouvrit la porte. La douceur hypocrite de son visage prévenait fortement contre elle; mais elle avait d'excellentes manières. «Oui,» dit-elle, « c'est bien là que demeure M. Hyde, mais il n'est pas chez lui ; il est rentré tard dans la nuit, et ressorti au bout d'une heure, mais cela n'a rien d'extraordinaire, ses habitudes étant très irrégulières ; il s'absente souvent; par exemple, il y avait plus de deux mois que je ne l'avais vu, quand il est arrivé hier. »

« Très bien, mais nous voulons visiter son appartement, » dit l'avocat, et devant les protestations de la vieille qui se déclarait dans l'impossibilité d'accéder à leur désir, il ajouta : « Il vaut mieux vous dire qui est ce Monsieur. C'est l'inspecteur Newcomen de Scotland Yard.

Un éclat de joie odieux éclata sur les traits de la vieille femme : « Ah ! » dit-elle, « il s'est mis quelque affaire sur le dos. Qu'a-t-il fait ? »

M. Utterson et l'inspecteur échangèrent un regard. « On dirait qu'il n'est pas très populaire, » observa ce dernier. « Maintenant, ma bonne femme, laissez ce Monsieur et moi faire nos recherches. »

Dans toute l'étendue de cette maison, qui n'avait d'autre habitant que cette vieille, M. Hyde n'occupait que deux pièces, mais elles étaient meublées avec luxe et goût. Un placard était rempli de vin, la vaisselle était en argent, le linge de table de la toile la plus fine ; un tableau de mérite était accroché au mur, un cadeau (comme le supposait M. Utterson) de Henry Jekyll, qui était un fin connaisseur ; les tapis étaient moelleux et d'une couleur agréable. En ce moment, toutefois, on distinguait partout les marques d'un pillage rapide et récent ; des vêtements avaient été laissés pêle-mêle sur le parquet après qu'on en avait retourné les poches, des tiroirs à fermoir secret avaient été ouverts et laissés sans être refermés, et dans l'âtre on apercevait un amas de cendres grises, comme si beaucoup de papiers avaient été brûlés. Parmi ces cendres encore chaudes, l'inspecteur déterra un morceau de couverture vert, ayant appartenu à un livre de chèques, lequel avait résisté à l'action du feu. L'autre moitié de la canne fut trouvée derrière la porte ; ceci confirmant les soupçons de l'officier de police, il se déclara plus que satisfait. Une visite à la banque, où on apprit que plusieurs mille livres étaient inscrites au crédit du meurtrier, rendit sa satisfaction complète.

« Vous pouvez être sûr que je le tiens, Monsieur, » dit-il à Utterson. « Il doit avoir perdu la tête, ou il n'aurait jamais laissé le bout de canne derrière lui, ou surtout il n'aurait pas brûlé le livre de chèques. Voyons! l'argent c'est la vie pour cet homme. Nous n'avons plus qu'à aller l'attendre à la banque, et faire circuler son signalement. »

Cette dernière formalité toutefois n'était pas chose aisée, car M. Hyde avait peu de familiers ; même le maître de la jeune servante ne l'avait vu que deux fois ; on ne trouvait nulle trace de famille, on ne connaissait de lui aucune photographie, et le peu de gens qui pouvaient donner quelques renseignements sur sa personne différaient grandement, comme d'ailleurs le font toujours ceux qui observent sans intérêt. Ils ne s'accordaient que sur un point, sur cette impression obsédante d'une difformité inexprimable, existant quelque part dans son être, que le fugitif donnait à tous ceux qui le voyaient.

V

L'INCIDENT DE LA LETTRE

L'après-midi touchait à sa fin quand M. Utterson sonna à la porte du docteur Jekyll. Ce fut Poole qui lui ouvrit et l'admit de suite ; il le fit descendre par l'office et traverser une cour qui, dans le temps, avait été un jardin et au fond de laquelle se trouvait le bâtiment indifféremment appelé laboratoire ou salle de dissection. Le docteur avait acheté la maison aux héritiers d'un chirurgien célèbre ; mais ses goûts étant plutôt portés vers la chimie que l'anatomie, il changea la destination de cette partie de son habitation. C'était la première fois que l'avocat pénétrait dans le sanctuaire de son ami ; il examina cette sombre construction sans fenêtres avec curiosité, et il fut pris d'un sentiment de dégoût en traversant l'amphithéâtre, autrefois rempli d'étudiants avides de science, et maintenant vide et silencieux, les tables surchargées d'appareils chimiques, le parquet encombré de paniers vides et de paille à emballer, éclairé faiblement par la lumière nébuleuse venant de la coupole. A l'autre bout, un escalier conduisait à une porte recouverte de serge par laquelle enfin M. Utterson pénétra dans le cabinet du docteur. C'était une grande pièce garnie d'armoires vitrées ; les meubles se composaient, entre autres, d'une psyché et d'une table couverte de papiers ; la lumière pénétrait à travers les vitres poussiéreuses de grandes fenêtres garnies de barreaux de fer et donnant sur la cour. Il y avait un bon feu dans la grille, et une lampe tout allumée était posée sur la cheminée, car le brouillard devenait très épais, même à l'intérieur ; le docteur Jekyll était assis près du feu et paraissait mourant. Il ne se leva pas pour aller au-devant de son visiteur, mais lui tendit une main glacée, et lui souhaita la bienvenue d'une voix altérée.

« Eh bien ! » dit M. Utterson, aussitôt que Poole les eut laissés seuls, « vous savez la nouvelle ? »

Le docteur haussa les épaules. « On la criait dans le square, » dit-il. « Je l'entendais pendant que j'étais dans la salle à manger. »—« Un mot, » dit l'avocat : « Carew était mon client, mais vous l'êtes aussi, et je ne veux pas marcher à l'aveuglette. Vous n'avez pas été assez fou pour cacher cet individu ? »

« Utterson, » s'écria le docteur, « Utterson, je prends Dieu à témoin que je ne le reverrai de ma vie. Je vous donne ma parole d'honneur que toutes relations entre lui et moi sont finies en ce monde. Tout est fini. Je vous assure qu'il n'a pas besoin de mon aide, vous ne le connaissez pas comme moi, il est en sûreté, tout à fait en sûreté ; retenez ce que je vous dis, on n'entendra plus jamais parler de lui. »

L'avocat écoutait d'un air sombre ; il n'aimait pas les manières fiévreuses de son ami. « Vous paraissez assez sûr de lui, » dit-il, « et dans votre intérêt j'espère que vous ne vous trompez pas. S'il y avait jugement, votre nom pourrait être mêlé à toute cette affaire. »

« Je suis tout à fait sûr de lui, » répliqua Jekyll ; « je ne puis communiquer à personne sur quoi ma certitude se fonde ; mais cependant il y a une chose sur laquelle je veux que vous me conseilliez. J'ai reçu une lettre, et je me demande s'il faut en faire part à la police. Je voudrais la remettre entre vos mains, Utterson, vous jugerez sagement, j'en suis certain, j'ai tant de confiance en vous. »

« Vous avez probablement peur que cette lettre donne quelque indice sur lui ? » dit l'avocat.

« Non, » répondit l'autre, « et le fait est que je ne me soucie pas beaucoup de ce que deviendra Hyde ; c'est bien fini entre nous. Non, je pensais tout simplement à ma réputation que cette affaire détestable a tant soit peu exposée. »

Utterson réfléchit un instant ; l'égoïsme de son vieil ami le surprenait.

« Enfin, » dit-il, « faites-moi voir la lettre. »

L'écriture de cette lettre était bizarre et raide, elle était signée du nom d'Edward Hyde ; elle disait assez brièvement que le bienfaiteur de l'auteur de ce message, le docteur Jekyll, lequel avait été payé si indignement de ses mille générosités, n'avait nul besoin de s'alarmer pour la sûreté de son protégé, car il avait des moyens de s'échapper, dans lesquels il avait pleine confiance. L'avocat fut assez content de cette lettre ; elle présentait l'intimité sous un jour meilleur qu'il n'eût osé l'espérer et il se blâma pour quelques-uns de ses doutes passés.

« Avez-vous l'enveloppe ? » demanda-t-il.

« Je l'ai brûlée sans y penser, » répliqua Jekyll, « mais il n'y avait pas de marque de poste. La lettre a été apportée par un commissionnaire. »

« Si j'attendais à demain pour prendre une décision ? » fit Utterson. « La nuit porte conseil. »

« Je m'en rapporte entièrement à vous, »

lui répondit Jekyll, « J'ai perdu toute confiance en moi-même. »

« Eh bien! je prendrai toute l'affaire en considération, » dit l'avocat. « Maintenant, dites-moi, une chose : ne fut-ce pas Hyde qui dicta les termes de votre testament à propos de la disparition? »

Le docteur sembla saisi de faiblesse, il pressa les lèvres et fit de la tête un signe d'assentiment.

« Je le savais, » s'écria Utterson. « Il avait l'intention de vous tuer. Vous l'avez échappé belle! »

« J'y ai gagné ce qui vaut beaucoup mieux, répondit solennellement le docteur, j'y ai gagné une leçon. Oh! mon Dieu, Utterson, quelle leçon! » Et pendant un instant il se couvrit le visage de ses deux mains.

En sortant, l'avocat s'arrêta pour dire un mot ou deux à Poole. « A propos, » demanda-t-il, « on a apporté une lettre aujourd'hui ; quelle espèce d'homme l'a remise ? »

Mais Poole affirma que tout ce qui était venu était arrivé par la poste, « et encore ce n'étaient que des circulaires, » ajouta-t-il.

Après avoir reçu ces renseignements, le visiteur s'éloigna, avec toutes ses inquiétudes renouvelées. Il était clair que la lettre avait été apportée à la porte du laboratoire, peut-être même avait-elle été écrite dans le cabinet, et s'il en était ainsi on devait juger différemment et agir avec précaution. Les marchands de journaux criaient à s'époumoner : « Édition spéciale. Horrible assassinat ! » C'était l'oraison funèbre d'un ami et client, et malgré lui l'avocat ressentait une grande appréhension de voir le nom d'un autre entraîné dans le tourbillon de ce scandale. Dans tous les cas, il avait à trancher une question délicate, et aussi sûr qu'il fût de lui-même, il avait un désir ardent de pouvoir se confier à un autre, et demander conseil. Cet autre-là ne lui tomberait pas des nues, mais il chercherait.

Peu d'instants après, il était assis à un coin de sa cheminée, avec M. Guest, son premier clerc pour vis-à-vis ; et entre eux, à une distance du feu bien calculée, se trouvait une bouteille d'un vin d'une qualité et d'un crû particuliers, laquelle avait été depuis longtemps à l'abri du soleil dans les fondements de sa maison. Le brouillard sommeillait toujours sur la ville, les lumières des réverbères luisaient comme autant d'escarboucles, et à travers l'étouffement de ces nuages abaissés, le mouvement de la ville continuait, grondant sourdement comme une violente tempête. Mais la pièce où ils se trouvaient était égayée par la lueur du feu. Dans la bouteille, les acides étaient dissous depuis longtemps, la couleur s'était adoucie avec les années, comme le fait la couleur des anciens vitraux, et le reflet de chaudes après-midi d'automne, sur les coteaux plantés de vignes, était prêt à sortir de sa prison et à disperser les brouillards de Londres. Insensiblement l'avocat s'amollissait. Il y avait peu d'hommes en qui il eût autant de confiance qu'il en avait en M. Guest, et il n'était pas sûr de lui avoir toujours caché autant de secrets qu'il l'eût voulu. Guest avait souvent été chez le docteur pour affaires ; il connaissait Poole, il était presque impossible qu'il n'eût pas entendu parler de la familiarité de M. Hyde dans la maison ; il pourrait tirer des conclusions. Ne valait-il pas mieux qu'il vît une lettre pouvant donner quelque explication à ce mystère ? Surtout Guest, étant grand observateur et critique en écritures, considèrerait la démarche qu'il méditait comme naturelle et flatteuse. En plus, le clerc était homme de bon conseil, il était presque impossible qu'il lût un document si étrange sans faire quelque remarque, et cette remarque révèlerait peut-être à M. Utterson sa future ligne de conduite.

« C'est une triste chose, l'affaire de sir Danvers, » dit-il.

« Oui, Monsieur, c'est vrai. Elle a excité une vive émotion dans le public, » répliqua Guest. « Naturellement l'homme était fou! »

« Je voudrais bien savoir ce que vous en pensez, » reprit Utterson. « J'ai là un document écrit par lui; ceci est entre nous; car je n'ai pas encore pris de détermination; c'est une mauvaise affaire en la prenant par son meilleur côté. Tenez, le voilà; contemplez à l'aise l'autographe d'un meurtrier. »

Les yeux de Guest s'illuminèrent, il s'assit

vivement, et se mit à étudier avec passion le contenu de la lettre. « Non, Monsieur, » dit-il enfin, « cette écriture est bien bizarre, mais ce n'est pas celle d'un fou. »

« Dans tous les cas, d'après tout ce que j'ai entendu, c'est un drôle de corps, » fit l'avocat.

En ce moment, le domestique entra avec une lettre.

« Est-ce du docteur Jekyll, Monsieur ? » interrogea le clerc ; « j'ai cru reconnaître l'écriture. Est-ce quelque chose de confidentiel, Monsieur Utterson ? »

« Seulement une invitation à dîner. Pourquoi ? Voulez-vous la voir ? »

« Pour un instant. Je vous remercie, Monsieur. » Alors le clerc posa les deux feuilles de papier l'une à côté de l'autre, la lettre du docteur Jekyll et celle de Hyde, et compara leur contenu avec avidité. « Merci, Monsieur, » dit-il enfin en le rendant ; « c'est un autographe bien intéressant. »

Il y eut une pause pendant laquelle M. Utterson combattit avec lui-même. « Pourquoi les avez-vous comparées, Guest ? » demanda-t-il tout à coup.

« Eh bien ! Monsieur, il y a une ressemblance assez singulière entre les deux écritures, » répondit le clerc ; « elles sont en beaucoup de points identiques ; il y a seulement une différence d'inclinaison. »

« C'est drôle ! » fit Utterson.

« En effet, c'est drôle ! » répéta Guest.

« Vous savez, je ne parlerai de cette lettre à personne, » dit le maître.

« Non, Monsieur, » répondit le clerc, « je comprends. »

Ce soir-là, aussitôt qu'il fut seul, M. Utterson enferma la lettre dans le coffre-fort où elle resta depuis lors. « Quoi ! » pensait-il ; « Henry Jekyll faire un faux pour un meurtrier ! » Et son sang se glaçait dans ses veines.

VI

REMARQUABLE INCIDENT DU DOCTEUR LANYON

Le temps passait, on avait offert plusieurs mille livres de récompense pour la capture de M. Hyde; car la mort de sir Danvers avait été ressentie comme une calamité publique; mais il était à l'abri de l'atteinte de la police; il s'était éclipsé comme s'il n'eût jamais existé. Beaucoup de son passé fut mis à jour, toutes choses peu honorables; on racontait des histoires de cruauté qu'avait commises cet homme, cet homme à la fois endurci et violent, des histoires de son existence vile et basse, de ses étranges associations, et de la haine qui semblait avoir entouré sa carrière. Mais de son présent lieu de refuge, pas un mot. Depuis le moment où il était sorti de la maison dans Soho, le matin du meurtre, il s'était simplement évanoui. Et graduellement, avec le temps, M. Utterson se remit de son alerte et se sentit plus à l'aise. A son point de vue, la mort de sir Danvers était plus que compensée par la disparition de M. Hyde. Maintenant que la mauvaise influence était éloignée, le docteur Jekyll commençait une nouvelle vie ; il sortit de sa réclusion, renouvela ses relations avec ses amis, devint une fois de plus leur amphytrion et leur hôte familier.

Très renommé pour sa charité, il n'était pas moins remarqué maintenant pour sa religion ; il avait beaucoup à faire, sortait beaucoup, son visage était plus ouvert et rayonnait de la joie intérieure d'une conscience satisfaite ;

et pendant plus de deux mois le docteur connut la paix.

Le huit janvier, Utterson avait dîné chez le docteur, en petit comité ; Lanyon était là, et les regards de leur hôte allaient de l'un à l'autre de ses amis, comme autrefois, quand ils formaient un trio d'amis inséparables. Le douze et le quinze de ce même mois, la porte fut fermée pour l'avocat. Le docteur était renfermé à la maison, disait Poole, et il ne voyait personne. Le quinze, il essaya encore et l'admission lui fut de nouveau refusée. Ayant eu l'habitude, pendant les derniers deux mois, de voir son ami presque tous les jours, ce retour à la solitude lui pesa. Le cinquième soir, Guest dîna avec lui, et le sixième, il alla voir le docteur Lanyon.

Là au moins on ne lui refusa pas l'entrée de la maison ; mais, à première vue, il fût frappé du changement qui s'était opéré dans l'apparence du docteur. Son arrêt de mort se lisait visiblement sur sa figure. L'homme à la face rubiconde avait pâli, sa chair était flasque, il était certainement plus chauve et plus vieux ; mais ce ne fut cependant pas à ces détails d'une ruine physique que s'arrêtaient les réflexions de l'avocat ; il remarqua l'étrangeté du regard de son ami, et les manières qui semblaient indiquer quelque terreur profondément enracinée dans son esprit. On ne pouvait supposer que le docteur craignît la mort ; toutefois ce fut la première pensée de Utterson. « Oui, » se disait-il, « il est médecin, il doit connaître son état, ses jours sont comptés, et cette certitude est cause de ses souffrances. Malgré cela, quand Utterson fit une remarque sur sa mauvaise mine, ce fut avec une grande fermeté que Lanyon se déclara un homme perdu :

« J'ai été frappé, » dit-il, « et jamais je n'en

reviendrai. » Ce n'est une question que de quelques semaines. Enfin! la vie m'a été agréable, je l'aimais; oui, mon ami, je l'aimais. Quelquefois je pense que si l'on pouvait tout savoir on serait plus content de partir. »

« Jekyll aussi est malade, » observa Utterson. « L'avez-vous vu? »

Le visage de Lanyon changea ; il étendit une main tremblante : « Je ne voudrais plus voir ou entendre parler du docteur Jekyll, » dit-il d'une voix forte et tremblante à la fois ; « il m'est tout à fait indifférent à présent, et je vous prie de m'épargner toute allusion à une personne que je regarde comme morte. »

« Voyons, voyons, » dit M. Utterson ; et après une longue pause : « Puis-je être bon à quelque chose? » demanda-t-il. « Nous sommes trois vieux amis, Lanyon, nous ne vivrons plus assez longtemps pour en faire d'autres. »

« Il n'y a rien à faire, » répliqua Lanyon ; « demandez-le à lui-même. »

« Il ne veut pas me voir, » dit l'avocat.

« Cela ne me surprend pas, » fut la réponse. « Un jour, Utterson, après ma mort vous arriverez peut-être à connaître le pour et le contre de tout ceci ; je ne puis vous le dire. Et maintenant si vous pouvez rester et causer d'autre chose, pour l'amour de Dieu, faites-le ; mais si vous ne pouvez vous empêcher de revenir à ce sujet maudit, eh bien ! je vous en prie, allez-vous-en ; car je ne pourrais le supporter. »

En arrivant chez lui, Utterson s'assit et écrivit à Jekyll ; se plaignant de son exclusion de la maison, et demandant la cause de cette rupture malheureuse avec

Lanyon ; le jour suivant lui apporta une longue réponse, rédigée en termes très souvent pathétiques, et souvent d'un style sombre et mystérieux. La querelle avec Lanyon était irremédiable. « Je ne blâme point notre vieil ami, » écrivait Jekyll ; « mais je partage son opinion ; nous ne devons plus nous rencontrer jamais. Je me suis décidé à mener dorénavant une vie de réclusion extrême ; ne soyez pas surpris et ne doutez pas de mon amitié, si ma porte est souvent fermée, même pour vous. Laissez-moi parcourir ma route ténébreuse. J'ai amené sur ma tête une punition et une calamité que je ne puis expliquer ; si je suis le premier des pécheurs, je suis aussi le premier des damnés. Je n'eus jamais cru qu'il y eût un coin dans le monde pour des souffrances et des terreurs si inexplicables ; vous ne pouvez faire qu'une chose pour alléger ma destinée, Utterson : c'est de respecter mon silence. »

Utterson fut ahuri ; la sombre influence de Hyde était détournée, le docteur était revenu à ses anciennes amitiés, retourné à ses anciens travaux ; huit jours auparavant l'avenir souriait avec toutes les promesses d'une vieillesse heureuse et honorée, et il n'avait fallu qu'un moment pour que ses amitiés, sa tranquillité d'esprit et tout ce qui constituait le cours de sa vie régulière fussent engloutis. Un changement si grand et si imprévu indiquait la folie, mais si on considérait les paroles et les manières du docteur Lanyon, on devinait qu'il devait y avoir des causes plus graves.

Huit jours après, le docteur Lanyon se mit au lit ; en moins de quinze jours il était mort ; le soir de l'enterrement, auquel il avait assisté et avait été tristement affecté, Utterson s'enferma à clef dans son cabinet, il s'assit, et là, à la lueur mélancolique d'une bougie, il posa devant lui une enveloppe scellée et adressée par les mains de son ami défunt; la suscription portait ces mots : « Confidentiel, ne devant être lu que par J.-G. Utterson ; seulement, en cas que le décès dudit Utterson précédât la lecture de ce document, il devra être détruit sans être lu. » L'avocat appréhendait cette lecture. « J'ai enterré un ami aujourd'hui, » pensait-il, « si ceci allait m'en coûter un autre ! » Alors il condamna ses hésitations comme une trahison, et brisa le cachet. En dedans il trouva une autre enveloppe, scellée aussi ; la suscription de celle-ci recommandait de ne l'ouvrir qu'après la mort ou la disparition du docteur Jekyll.

Utterson ne pouvait en croire ses yeux. Oui, il y avait disparition; ici encore, comme dans le testament insensé qu'il avait depuis longtemps restitué à son auteur, l'idée d'une disparition était mêlée au nom du docteur Henry Jekyll. Dans le testament, cette idée était issue de la sinistre suggestion de cet individu Hyde; et elle avait été mise là dans un but qui n'était que trop évident et horrible. Mais écrite par la main de Lanyon que pouvait-elle signifier? Une grande curiosité envahit le dépositaire, une grande envie d'aller contre l'interdiction et de plonger d'un seul coup au fond du mystère le saisit; mais l'honneur professionnel, et la foi à son ami mort, lui imposaient de strictes obligations; il ensevelit donc le paquet dans le coin le plus profond de son coffre-fort.

On peut mortifier sa curiosité, mais c'est autre chose de s'en rendre le maître; et il est douteux qu'à partir de ce jour Utterson désirât la société de son ami Jekyll avec autant d'ardeur. Son amitié pour lui était toujours aussi vive, mais ses idées étaient troublées et craintives. Il est vrai qu'il alla pour le voir, mais peut-être éprouva-t-il un soulagement, quand on refusa de le recevoir ; peut-être, au fond, préférait-il s'entretenir avec Poole à l'entrée de la porte, entouré de l'air et des sons de la ville, à ciel découvert, que d'entrer dans cette maison de captivité volontaire, de s'y asseoir et d'y converser avec son reclus insondable. Il est vrai que Poole n'avait pas de nouvelles bien agréables à communiquer ; apparemment le docteur était plus que jamais confiné dans son cabinet au-dessus du laboratoire, il y couchait même, de temps en temps ; il était triste et silencieux, il ne lisait pas ; on eût dit qu'il était tourmenté par quelque peine secrète. Utterson s'habitua tellement à entendre ces mêmes rapports que peu à peu il espaça de plus en plus ses visites.

VII

INCIDENT A LA FENÊTRE

Un dimanche, en faisant leur promenade habituelle, le hasard amena M. Utterson et M. Enfield dans le voisinage de la porte mystérieuse. Comme ils passaient devant, d'un commun accord ils s'arrêtèrent pour la contempler.

« Enfin, » dit Enfield, « cette histoire est finie, nous n'entendrons plus jamais parler de M. Hyde. »

— « J'espère que non, » répondit Utterson. « Vous ai-je jamais dit que je l'avais vu une fois, et que j'avais ressenti la même répulsion que vous à sa vue ? »

— « Il était impossible de regarder l'homme sans éprouver ce sentiment, » fit Enfield. « A propos, vous avez dû me prendre pour un fameux imbécile, de ne pas savoir que cette porte donne sur le derrière de la maison du docteur Jekyll ! Et encore, quand je m'en suis aperçu, c'était en partie grâce à vous. »

— « Alors, vous vous en êtes aperçu ? » dit M. Utterson. « S'il en est ainsi, nous pouvons entrer dans la cour et jeter un coup d'œil aux fenêtres. Pour parler franchement, je ne suis pas tranquille sur le compte du pauvre Jekyll, et il me semble que même du dehors la présence d'un ami devrait lui faire du bien. »

La cour était froide, un peu humide, et quoiqu'il y fît déjà sombre, le ciel au-dessus de leurs têtes était brillamment éclairé par le soleil couchant. La fenêtre du milieu était entr'ouverte, et assis dans l'embrasure, prenant le frais, Utterson aperçut le docteur Jekyll. Sa figure portait, comme celle d'un prisonnier sans espoir, l'expression d'une tristesse infinie.

— « Eh ! Jekyll, » cria-t-il, « j'espère que vous allez mieux ? »

— « Je suis très mal, Utterson, » répliqua lugubrement le docteur ; « très mal. Cela ne sera pas long, Dieu merci ! »

— « Vous vous enfermez trop, » dit l'avocat ; « vous devriez sortir et fouetter la circulation du sang, comme nous le faisons, M. Enfield et moi. (Laissez-moi vous présenter mon cousin, — Monsieur Enfield, — le docteur Jekyll.) Allons, venez, prenez votre chapeau et faites un tour avec nous. »

« Vous êtes bien bon, » soupira l'autre ; « je voudrais bien ; mais non, non, non, c'est tout à fait impossible ; je n'ose pas. Dans tous les cas, Utterson, soyez sûr que je suis très content de vous voir, cela me fait vraiment grand plaisir ; je vous demanderais bien, ainsi qu'à M. Enfield, de monter; mais ce n'est pas un endroit convenable pour recevoir personne. »

« Eh bien ! alors, » dit l'avocat avec bonté, « la meilleure chose que nous puissions faire, est de rester où nous sommes et de causer ainsi. »

« J'allais justement vous le proposer, » répondit le docteur avec un sourire. A peine avait-il proféré ces mots que le sourire disparut et fit place à une expression de terreur et de désespoir, si abjects, qu'elle glaça le sang des deux hommes, dans la cour. Ils n'eurent le temps que de l'entrevoir, car la fenêtre fut instantanément fermée ; mais cet aperçu fut suffisant, ils tournèrent sur leurs talons et sortirent de la cour, sans une parole. En silence aussi ils traversèrent la rue, et ce ne fut que quand ils arrivèrent à un endroit un peu animé, même le dimanche, que M. Utterson se retourna pour regarder son compagnon. Ils étaient pâles tous les deux et leurs yeux à tous deux avaient une expression d'horreur.

« Que Dieu ait pitié de nous ! que Dieu ait pitié de nous ! » exclama M. Utterson.

M. Enfield secoua gravement la tête et continua de marcher en silence.

VIII

LA DERNIÈRE NUIT

Un soir, après dîner, M. Utterson était assis près du feu, se chauffant, quand il fut surpris de recevoir une visite de Poole.

« Comment, Poole, qu'est-ce qui vous amène ici ? » s'écria-t-il, et, l'examinant de plus près, il ajouta : « Qu'y a-t-il ? Le docteur est-il malade ? »

« Monsieur Utterson, » répondit Poole, « il y a quelque chose d'extraordinaire. »

« Asseyez-vous, et buvez un verre de vin, » dit l'avocat ; « maintenant prenez votre temps et expliquez-moi ce qui vous amène. »

« Vous connaissez les habitudes du docteur, » poursuivit Poole ; « et particuliè-

rement celle qu'il a de s'enfermer. Eh bien !
il est encore en ce moment-ci enfermé dans
son cabinet, et, — je n'aime pas cela, Monsieur, — que je sois frappé de mort si je
l'aime ! Monsieur Utterson, j'ai peur. »

« Allons, mon garçon, » dit l'avocat ; «soyez
plus clair. De quoi avez-vous peur ? »

« Voilà plus de huit jours que j'ai peur, »
fit Poole, s'obstinant à ne pas entendre la
question qui lui était posée ; « et je ne puis
plus le supporter. »

Sa contenance appuyait la sincérité
de ses paroles; ses manières étaient toutes
changées, et il n'avait pas regardé l'a-
vocat en face, sauf au moment où il lui
avait, au début, fait part de sa terreur. Il
était assis, tenant sur son genou le verre de
vin auquel il n'avait pas touché, les yeux
rivés au parquet. « Je ne puis plus le supporter, » répétait-il.

« Voyons, » dit l'avocat, « je crois que vous avez de bonnes raisons, Poole. Je vois qu'il doit être arrivé quelque chose de sérieux. Essayez de me dire ce que c'est. »

« Je crois que mon maître est victime de quelque machination abominable, » dit Poole d'une voix rauque.

« Victime ! » s'écria l'avocat très effrayé. « Quelle machination ? Que veut-il dire ? »

« Je n'ose rien dire, mais voulez-vous venir avec moi et vous rendre compte par vous-même ? »

Pour toute réponse, M. Utterson se leva, prit son chapeau et son pardessus, tout en constatant avec étonnement l'expression de soulagement immense qui transforma le visage du maître d'hôtel ; mais son étonnement ne fut pas moindre quand, pour le suivre, il le vit poser son vin sur la table sans même y avoir goûté.

Il faisait froid au dehors, une vraie soirée de mars ; la lune était pâle, penchée en arrière, comme si elle avait été renversée par le vent, lequel soufflait avec tant de violence qu'il rendait la conversation difficile, et marbrait la figure des passants ; ceux-ci du reste étaient rares, chassés qu'ils avaient été par cette brise glaciale ; ce qui faisait penser à M. Utterson qu'il n'avait jamais vu cette partie de Londres si déserte et si vide. Il aurait désiré bien ardemment qu'il en fût autrement, car de sa vie il n'avait éprouvé un tel besoin de voir et de coudoyer des êtres humains ; il avait un pressentiment de calamité qu'il ne pouvait surmonter, malgré tous ses efforts. Le vent et la poussière avaient envahi le square, quand ils y arrivèrent, et les arbrisseaux du jardin fouettaient la grille de leurs branches. Poole qui, pendant tout le trajet, avait marché un pas ou deux en avant, s'arrêta alors et, en dépit du froid piquant, ôta son chapeau et s'essuya le front. Cette sueur qu'il essuya n'avait pas été amenée par l'excitation de la marche, mais bien par quelque angoisse qui l'étranglait, car il était très pâle, et sa voix quand il parla était dure et cassée.

« Eh bien ! Monsieur, » dit-il, « nous y voilà. Que Dieu fasse qu'il ne soit rien arrivé de fâcheux ! »

« Amen, Poole, » fit l'avocat.

Là-dessus le domestique frappa avec précaution, la porte fut entr'ouverte et une voix au dedans demanda : « Est-ce vous, Poole ? »

« Oui, c'est moi, » dit Poole ; « ouvrez la porte. »

Toutes les lumières du vestibule étaient allumées, un grand feu flambait dans la cheminée, autour de laquelle tous les domestiques de la maison, hommes et femmes, s'étaient groupés. A la vue de M. Utterson, la femme de chambre éclata en sanglots hystériques, et la cuisinière, s'élançant vers lui, comme pour le prendre dans ses bras, s'écria : « Dieu soit béni ! c'est M. Utterson. »

« Voyons, voyons ! êtes-vous tous ici ? » fit celui-ci avec aigreur. « Vous agissez mal et d'une façon inconvenante; votre maître serait loin d'être content, s'il vous voyait. »

« Ils ont tous peur, » dit Poole.

Un profond silence suivit, pas un ne protesta. Seulement la femme de chambre se mit à sangloter plus fort. « Taisez-vous, » lui dit Poole avec un accent de férocité qui montrait à quel point il avait lui-même les nerfs agacés, et, par le fait, quand cette fille avait si soudainement élevé la note de ses lamentions, instinctivement, tous les autres domestiques s'étaient retournés vers la porte conduisant à l'intérieur de la maison, leurs visages exprimant l'attente de quelque terrible apparition. « Maintenant, » continua le maître d'hôtel, s'adressant à un petit marmiton, « donne-moi une bougie et nous procéderons de suite aux investigations. » Il pria alors M. Utterson de le suivre et le mena au jardin derrière la maison. « Maintenant, Monsieur, » dit-il, « marchez aussi doucement que possible ; je veux que vous entendiez sans être entendu. Et tenez, Monsieur, si par hasard on vous demandait d'entrer, ne le faites pas. »

A cette conclusion, les nerfs de M. Utterson éprouvèrent une telle secousse qu'il en perdit presque l'équilibre, mais il rassembla son courage et suivit le domestique, dans la partie de derrière de la maison ; ils traversèrent l'amphithéâtre toujours encombré de ses paniers et de ses bouteilles, et enfin arrivèrent au pied de l'escalier. Là, Poole lui fit signe de s'arrêter et d'écouter, pendant que lui-même, avec un grand effort de résolution, posait la bougie à terre, gravissait les marches de l'escalier d'un pied quelque peu incertain et frappait à la porte recouverte de serge rouge.

« M. Utterson demande à vous voir, Monsieur, » appela-t-il, tout en s'agitant violemment pour faire comprendre à l'avocat de continuer à prêter l'oreille.

Une voix se fit entendre au dedans : « Dites-lui que je ne puis voir personne. »

La voix avait un accent plaintif.

« Merci, Monsieur, » dit Poole avec une note de triomphe dans la voix; et reprenant la bougie, il fit repasser M. Utterson à travers la cour et le conduisit dans la grande cuisine; elle était sans feu, et les criquets sautaient sur le plancher.

« Monsieur, » demanda-t-il en regardant fixement M. Utterson, « était-ce là la voix de mon maître ? »

« Elle serait bien changée, dans tous les cas, » répondit l'avocat très pâle.

« Changée! je le crois, » exclama le domestique. « Serais-je resté vingt ans au service de cet homme pour ne pas connaître sa voix ? Non, Monsieur, on a fait disparaître mon maître ; il y a au moins huit jours qu'il n'est plus là ! cela a dû être accompli le jour que nous l'entendîmes implorer à haute voix l'aide de Dieu ; mais ce qui est là et a pris sa place, Dieu seul pourrait dire ce que c'est, et aussi pourquoi cela reste là. »

« Tout cela est très étrange, Poole ; cela n'a pas le sens commun, mon garçon, » dit M. Utterson, mordillant le bout de son doigt. « Supposons que, comme vous le pensez, supposons que le docteur Jekyll a été assassiné, enfin ; quelles raisons pourraient forcer l'assassin de rester? Cela ne se tient pas ; cela est contre toute logique. »

« Vous n'êtes pas facile à convaincre, Monsieur Utterson, mais j'espère y parvenir quand même, » dit Poole. « Par exemple, je vous dirai que pendant toute cette semaine, lui, elle, ou enfin l'être quelconque qui habite ce cabinet, n'a cessé nuit et jour de demander à grands cris une espèce de drogue qu'on ne peut trouver à son idée. C'était quelquefois son habitude (l'habitude de mon maître, veux-je dire) d'écrire ce qu'il voulait sur un morceau de papier et de le jeter dans l'escalier. Nous n'avons pas vu autre chose cette semaine, rien que des morceaux de papier et une porte fermée ; même les repas que nous déposions sur le palier de la porte étaient entrés en cachette, quand il n'y avait personne. Eh bien ! Monsieur, tous les jours, et deux ou trois fois par jour, nous n'avons eu que des ordres et des plaintes ; de nouveaux ordres et de nouvelles plaintes; on m'a fait courir chez tous les pharmaciens en gros de la ville. A chaque fois que je rapportais la chose demandée, il y avait un autre papier me disant de le reporter parce qu'elle n'était pas pure, et on m'envoyait dans une autre maison. Cette drogue doit être d'absolue nécessité, Monsieur, quel que soit l'usage que l'on veuille en faire.

« Avez-vous quelques-uns de ces papiers ? » demanda M. Utterson.

Poole fouilla dans sa poche et en sortit un billet chiffonné, que l'avocat examina attentivement en se rapprochant de la bougie. Il contenait ces quelques phrases : « Le docteur Jekyll présente ses compliments à MM. Maw: il leur assure que leur dernier échantillon est impur et ne peut lui être d'aucun service. En l'année 18.. le docteur Jekyll en a acheté une assez grande quantité à MM. Maw. Il vient donc les prier de chercher soigneusement et, s'il restait de la même qualité, de lui en envoyer immédiatement, sans aucune considération de prix. L'importance de ceci ne pourrait être exagérée. » Jusque-là la lettre était assez composée, mais à cet endroit l'émotion de celui qui écrivait se faisait sentir : « Au nom de Dieu, » ajoutait-il, « trouvez-m'en de l'ancienne ! »

« C'est une lettre bizarre, » dit M. Utterson; « mais comment se fait-il qu'elle soit ouverte ? »

« Le commis chez M. Maw était furieux, Monsieur, et il me l'a rejetée comme s'il avait eu peur qu'elle lui salisse les doigts, » répondit Poole.

« Vous êtes sûr que c'est l'écriture du docteur ? » reprit l'avocat.

« Cela lui ressemble; » dit le domestique, faisant la moue. « Mais que signifie l'écriture ? Je l'ai vu ! »

« Vous l'avez vu ! » exclama M. Utterson. « Que voulez-vous dire ? »

« Voilà, » dit Poole; « une fois j'entrai dans l'amphithéâtre, venant du jardin, d'une manière inattendue ; il était probablement sorti pour chercher son médicament, ou autre chose, car la porte du cabinet était entr'ouverte ; enfin il était au fond de la salle, fouillant parmi les paniers. Il releva la tête quand j'entrai, poussa un cri, s'enfuit en haut et disparut dans le cabinet. L'apparition ne dura qu'un instant, mais les cheveux m'en dressèrent sur la tête. Monsieur, si c'était mon maître, pourquoi avait-il un masque ? Si c'était mon maître, pourquoi s'enfuyait-il en jetant un tel cri ? J'ai été à son service pendant assez longtemps. Et alors…» Poole s'arrêta et se passa la main sur le visage.

« Toutes ces circonstances sont bien étranges, » dit M. Utterson ; « mais il me semble que je commence à débrouiller le mystère. Votre maître, Poole, a sans doute été saisi par une de ces maladies qui déforment et torturent le malade tout ensemble ; de là l'altération de sa voix, son masque et sa tendance à éviter ses amis ; de là son empressement à trouver ce médicament, duquel la pauvre âme attend quelque soulagement. Dieu veuille qu'il ne se trompe pas ! Voilà mon explication, c'est déjà assez triste, Poole, et demande à être considéré, mais c'est plausible et naturel ; cela se déduit bien et nous délivre de toute alarme excessive. »

« Monsieur, » dit le maître d'hôtel, devenu tout pâle, « cette chose n'était pas, mon maître, voilà la vérité. Mon maître, » — ici il regarda autour de lui et baissa la voix,— « mon maître est un grand bel homme, et ce que j'ai vu ressemblait plutôt à un nain. »

Utterson essaya de protester. «Oh ! Monsieur, » s'écria Poole, « croyez-vous que je ne connais pas mon maître, après vingt ans? Croyez-vous que je ne sais pas où atteignait sa tête quand il passait la porte de son cabinet, où je l'ai vu entrer tous les matins de ma vie ? Non, Monsieur, ce personnage avec le masque ne fut jamais le docteur Jekyll, et j'ai la conviction qu'un meurtre s'est accompli. »

« Poole, » reprit alors l'avocat, « d'après ce que vous me dites, mon devoir est tracé ; je dois m'assurer. Autant j'ai de respect pour les désirs de votre maître, autant je suis intrigué par ce billet qui semble prouver qu'il est encore vivant, et je me considère autorisé à enfoncer cette porte. »

« Ah ! Monsieur Utterson, voilà qui s'appelle parler, » s'écria le domestique.

« La question maintenant est de savoir qui va se charger de cette besogne, » reprit M. Utterson.

« Mais vous et moi, Monsieur, » fut l'intrépide réponse.

« Très bien, » poursuivit l'avocat ; « et quelles que soient les conséquences, je veillerai à ce que vous n'en soyez pas la victime. »

« Il y a une hache dans l'amphithéâtre, » reprit Poole ; « ce sera pour moi ; vous, vous pouvez prendre le tisonnier de la cuisine. »

L'avocat s'arma de ce grossier mais lourd instrument, et dit en le balançant dans sa main : « Savez-vous, Poole, que nous sommes, vous et moi, en train de nous jeter dans une situation périlleuse ? »

« C'est facile à deviner, Monsieur, » répliqua le maître d'hôtel.

« Alors il vaut mieux parler à cœur ouvert. Nous en pensons tous deux plus long que nous ne l'avouons. Soyons francs l'un avec l'autre. Cet individu masqué que vous avez vu, l'avez-vous reconnu ? »

« Mais, Monsieur, il s'est enfui si vite, ensuite il était courbé presque en deux, ce qui fait que je pourrais à peine affirmer l'avoir reconnu. Cependant, si vous voulez dire : Était-ce M. Hyde ? Eh bien, oui ! là, je crois que c'était lui. Vous voyez, c'était à peu près la même hauteur et la même démarche que la sienne. En résumé, quelle autre personne pourrait être entrée par la porte du laboratoire ? Vous n'avez pas oublié, Monsieur, qu'au moment du meurtre il avait toujours la clef ? Mais ce n'est pas tout. Avez-vous, Monsieur, jamais rencontré M. Hyde ? »

« Oui, » dit l'avocat, « je lui ai parlé une fois. »

« Alors vous devez savoir comme nous tous qu'il y avait quelque chose d'étrange chez ce Monsieur, quelque chose qui vous faisait peur, je ne sais pas très bien m'expliquer, Monsieur, excepté que sa vue vous faisait froid jusqu'à la moelle des os. »

« Je dois avouer avoir ressenti quelque chose comme cela, » dit M. Utterson.

« A merveille, » reprit Poole. « Eh bien ! Monsieur, pendant que cette créature masquée sautait comme un singe, parmi les appareils de chimie, en s'enfuyant dans le cabinet, un froid glacial me saisit, et me courut tout le long de l'épine dorsale. Oh ! je sais que ce n'est pas une preuve, Monsieur Utterson, j'ai assez appris pour savoir cela ; mais on a de ces sensations, et je vous jure, sur la Bible, que c'était M. Hyde ! »

« Oui, oui, » dit l'avocat ; « mes pressen-timents me portent à vous croire. Une relation pareille ne pouvait amener que des malheurs. Oui, vraiment, je vous crois, je crois que ce pauvre Henry a été tué, et je crois que son meurtrier (dans quel but? Dieu seul le sait) est encore aux aguets dans le cabinet de sa victime. Enfin, soyons les vengeurs. Appelez Bradshaw. »

Le valet de pied répondit à l'appel, et arriva très pâle et nerveux.

« Rassemblez-vous tous, Bradshaw, » dit l'avocat, « cette incertitude vous fait du mal à tous, je le sais, notre intention est d'en finir. Poole et moi, nous allons nous faire, de force, passage dans le cabinet. Si nous sommes trompés dans nos conjectures, mes épaules sont assez fortes pour porter tout le blâme. Toutefois, dans le cas où quelque chose serait vraiment arrivé, ou que quelque malfaiteur essayerait de s'échapper par la porte de derrière, vous et les autres vous allez faire le tour par le coin de la rue, et vous poster à l'entrée du laboratoire. Nous vous donnons dix minutes pour prendre vos dispositions. »

Après le départ de Bradshaw, l'avocat vérifia l'heure à sa montre.

« Et maintenant, à nous, Poole, » dit-il. Et prenant le tisonnier sous son bras, il se dirigea vers la cour. La lune était voilée par un nuage, et il faisait très sombre. Le vent qui ne soufflait que par bouffées et rafales, dans ce puits profond de construction, faisait vaciller la lumière de leur bougie devant eux jusqu'à ce qu'ils fussent arrivés à l'abri de l'amphithéâtre; là ils s'assirent et attendirent en silence. Londres bourdonnait solennellement aux alentours; mais la tranquillité de leur entourage immédiat n'était troublée que par le bruit des pas allant et venant sur le parquet du cabinet.

« Voilà comme on marche toute la journée, Monsieur, » dit Poole à voix basse ; « et aussi une bonne partie de la nuit ; les pas ne s'interrompent qu'à l'arrivée d'un nouvel échantillon venant de chez le pharmacien. Ah ! il n'y a qu'une mauvaise conscience qui puisse être ainsi ennemie du repos. Oh ! Monsieur, chacun de ces pas indique du sang traîtreusement versé. Mais attendez, ne faites pas de bruit, approchez-vous un peu plus près ; rappelez-vous votre vieille amitié, écoutez de tout votre cœur, et dites-moi : est-ce là le pas du docteur ? »

La marche était légère, lente, irrégulière, avec un certain balancement. Elle était certainement bien différente de la démarche lourde et écrasante de Henry Jekyll. Utterson soupira.

« N'y a-t-il jamais eu autre chose que vous ayez remarqué ? » demanda-t-il.

Poole fit un signe affirmatif : « Une fois, » dit-il, « une fois je l'ai entendu sangloter. »

« Sangloter ! Comment cela ? » exclama l'avocat, sentant soudain un frisson d'horreur l'envahir.

« Sangloter comme une femme, ou comme une âme en peine, » dit le maître d'hôtel ; « je m'éloignai avec un tel poids sur le cœur que j'avais envie de pleurer aussi. »

Les dix minutes étaient écoulées. Poole déterra la hache de dessous un tas de paille, où elle était enfouie ; la bougie fut placée sur la table rapprochée du point qu'ils allaient attaquer, puis ils se dirigèrent en retenant leur haleine vers l'endroit où les pas allaient et venaient, allaient et venaient, dans le silence de la nuit.

« Jekyll, » cria Utterson à voix haute, « je demande à vous voir ; » il attendit un instant, mais nulle réponse se fit entendre.

« Je vous préviens franchement, » continua-t-il, « que nous sommes alarmés ; nous avons des soupçons, il faut que je vous voie, et je vous verrai par n'importe quel moyen, de force ou de bonne amitié. »

« Utterson, » dit alors la voix, « au nom de Dieu, ayez pitié ! »

« Ah ! cela n'est pas la voix de Jekyll, c'est celle de Hyde, » s'écria Utterson. « Abattons la porte, Poole. »

Poole balança la hache au-dessus de sa tête ; le coup retentit par toute maison, et la porte s'ébranla sur ses gonds et sa serrure. Un cri perçant et lugubre, comme d'un animal affolé, sortit du cabinet ; la hache fut de nouveau levée et abattue, les panneaux furent brisés et l'encadrement rebondit. Poole s'y reprit à quatre fois ; mais le bois était dur et les ferrures solides ; ce ne fut qu'au cinquième coup que la serrure éclata, et que le restant de la porte tomba en dedans.

Les assiégeants, consternés par leur propre vacarme et le silence qui suivit, restèrent un peu en arrière et regardèrent. Ils virent le cabinet éclairé par la lumière tranquille d'une lampe, un bon feu brillait et pétillait dans l'âtre, la bouillotte chantait son petit refrain ; des tiroirs étaient ouverts, des papiers étaient rangés en ordre sur la table près du feu ; tout était prêt pour le thé, et sans la présence des grandes armoires pleines de préparations chimiques, on n'eût pu imagider un endroit plus paisible ou plus banal dans tout Londres.

Au milieu du parquet était étendu le corps d'un homme douloureusement contorsionné et s'agitant encore par secousses. Ils s'approchèrent alors sur la pointe des pieds, le retournèrent sur le dos et reconnurent Edward Hyde. Il était habillé de vêtements beaucoup trop grands pour lui ; des vêtements faits pour un homme de la taille du docteur Jekyll ; les muscles de son visage remuaient avec un semblant de vie, mais cependant la vie était bien éteinte. Utterson, en voyant la fiole brisée que l'homme tenait encore dans une de ses mains, en sentant la forte odeur d'acide prussique répandue dans le cabinet, comprit de suite qu'il se trouvait en présence d'un suicide.

« Nous sommes arrivés trop tard, » dit-il durement, « ou pour punir ou pour sauver. Hyde est en train de rendre compte de ses actions, et la seule chose qui nous reste à faire est de trouver le corps de votre maître. »

La plus grande partie du bâtiment était occupée par l'amphithéâtre, lequel remplissait presque tout l'espace du rez-de-chaussée ; il recevait sa lumière d'en haut, et aussi du cabinet qui à un des bouts formait un premier étage dont les fenêtres donnaient sur la cour. Un corridor conduisait de l'amphithéâtre à la porte donnant sur la petite rue, et le cabinet communiquait séparément avec celle-ci par un deuxième escalier. Il y avait en outre un ou deux petits cabinets noirs et une cave spacieuse. Ils visitèrent le tout soigneusement. Ils n'eurent à donner qu'un coup d'œil dans les cabinets noirs ; ils étaient vides, et par la poussière qui tombait des portes, il était facile de voir qu'elles n'avaient pas été ouvertes depuis longtemps. Il est vrai que la cave était remplie de vieux débarras, datant pour la plupart du temps du chirurgien que le docteur avait remplacé ; mais la chute d'une masse épaisse de toiles d'araignées avec laquelle la porte avait été scellée depuis des années les avertit de l'inutilité de pousser plus loin leurs recherches dans cette direction. Il n'y avait nulle part aucune trace de Henry Jekyll, mort ou en vie. Poole sonda du pied les dalles du corridor. « Il doit être enterré là, » dit-il en prêtant l'oreille.

« Peut-être s'est-il enfui, » dit Utterson, retournant sur ses pas pour examiner la porte de la rue. Elle était fermée au pêne, et ils retrouvèrent la clef par terre sur les dalles, toute couverte de rouille :

« Elle n'a pas l'air d'avoir beaucoup servi, » observa l'avocat.

« Servi ! » répéta Poole ; « ne voyez-vous pas, Monsieur, qu'elle est cassée comme si on avait piétiné dessus. »

« Oui, » continua Utterson ; « les fractures aussi sont rouillées. » Les deux hommes se regardèrent avec épouvante : « Cela me dépasse, Poole, » dit l'avocat. « Retournons au cabinet. »

Ils montèrent l'escalier en silence, et tout

en jetant de temps en temps un regard craintif sur le cadavre, ils procédèrent à une perquisition en règle de ce que contenait le cabinet. Sur une table, on pouvait distinguer les traces d'un travail chimique, plusieurs petits tas d'une espèce de sels blancs étaient mesurés et disposés sur des soucoupes de verre, comme pour une expérience dans laquelle le malheureux homme avait été interrompu.

« Voilà, la même espèce de drogue que je lui apportais toujours, » dit Poole. Et pendant qu'il parlait l'eau de la bouillotte se répandit avec grand bruit.

Cet incident les fit se rapprocher du feu, le meilleur fauteuil était disposé au coin de la cheminée, et un plateau à thé se trouvait sur une table, à la portée de celui qui se fût assis, le sucre était même déjà dans la tasse. Il y avait plusieurs livres sur un rayon, et un d'eux était posé ouvert à côté du plateau, sur la table. Utterson fut confondu en reconnaissant un livre de piété pour lequel Jekyll avait souvent professé une grande estime ; il y avait des notes de sa main, accompagnées d'effrayants blasphèmes. Ils se trouvèrent à un moment en face de la psyché, dans les profondeurs de laquelle leurs regards plongèrent avec une horreur involontaire ; mais elle était tournée de façon à ne leur laisser apercevoir que les cent réflexions étincelantes du feu sur le devant verni des armoires, un petit reflet rose au plafond et leurs propres images pâles et timides se baissant pour regarder.

« Cette glace a vu des choses étranges, Monsieur, » dit Poole à voix basse.

« Sûrement rien de plus étrange que sa présence ici, » répondit l'avocat sur le même ton ; « car pourquoi Jekyll, » — il se surprit tressaillant à ce nom, mais surmontant cette faiblesse il reprit : « A quoi cela pouvait-il servir à Jekyll ?»

« Oui, on peut se le demander, » dit Poole.

Ils se tournèrent alors vers la table où étaient rangés les papiers ; parmi eux se trouvait une grande enveloppe, adressée, de l'écriture du docteur, à M. Utterson. L'avocat la décacheta et différents papiers qu'elle contenait tombèrent à terre. Le premier que l'avocat ramassa était un testament, rédigé dans les mêmes termes excentriques que celui qu'il avait rendu à son ami, six mois auparavant ; mais à la place du nom d'Edward Hyde, il lut avec stupéfaction celui de Gabriel John Utterson. Ses yeux se portèrent sur Poole, ensuite sur le papier qu'il avait dans les mains et enfin sur le corps du malfaiteur mort, étendu sur le tapis.

« La tête me tourne, » dit-il. Comment ! il a

été en pleine possession de tout ceci tous ces jours derniers ; il n'a aucune raison pour m'aimer, il a dû enrager de se voir dépossédé ; et il n'a pas détruit ce document ! Il ramassa un autre papier, ce n'était qu'un petit billet très court écrit par le docteur, et daté en haut de la page.

« Oh ! Poole, » s'écria l'avocat ; « il était ici et vivant aujourd'hui ; on ne peut avoir disposé de lui dans si peu de temps ; il n'est pas mort, il a dû fuir ! Mais alors pourquoi avoir fui ? et par quel moyen ? Et s'il en est ainsi, peut-on s'aventurer à déclarer ce suicide ? Oh ! il faut de la prudence. Je prévois que nous pourrions encore impliquer votre maître dans quelque terrible affaire. »

« Pourquoi ne lisez-vous pas ce billet, Monsieur ? » remarqua Poole.

« Parce que j'ai peur de le lire, » répliqua l'avocat solennellement. « Que Dieu fasse que mes craintes n'aient aucun fondement ! Alors il rapprocha le papier de ses yeux, et lut ce qui suit : « Mon cher Utterson. Quand ceci vous tombera dans les mains, j'aurai disparu ; je n'ai pas la pénétration de prévoir dans quelles circonstances, mais mon instinct et tout ce qui se rapporte à ma situation sans nom me font pressentir que la fin est sûre et prochaine. Alors, lisez d'abord la narration que Lanyon m'avait prévenu qu'il vous remettrait, et, si vous voulez en savoir plus long, prenez connaissance de la confession de votre indigne et malheureux ami.

« Henry Jekyll. »

« Y avait-il un troisième papier ? » demanda Utterson.

« Oui, le voilà, » dit Poole ; et il lui remit un paquet volumineux, cacheté en plusieurs endroits. L'avocat le mit dans sa poche.

« Ne parlez pas de ces papiers, » dit-il. « Si votre maître a fui, ou s'il est mort, nous pouvons au moins sauver sa réputation. Il est maintenant dix heures, il faut que j'aille chez moi pour lire ces documents tranquillement; mais je serai de retour avant minuit, alors nous préviendrons la police. »

Ils sortirent, fermant derrière eux la porte de l'amphithéâtre à clef, et Utterson, laissant de nouveau les domestiques assemblés dans le vestibule près du feu, prit le chemin de sa demeure, pour y lire les deux narrations qui devaient expliquer ce mystère.

IX

NARRATION DU DOCTEUR LANYON

Le neuf janvier, il y a aujourd'hui quatre jours, je reçus par le courrier du soir une lettre enregistrée, adressée par la main de mon collègue et camarade d'école Henry Jekyll. Je fus surpris, car nous étions loin d'avoir l'habitude de correspondre. Je l'avais vu et j'avais dîné avec lui la veille même, et je ne voyais rien dans nos relations qui justifiât la formalité de l'enregistrement. Le contenu de la lettre ne fit qu'accroître mon étonnement. Le voici :

10 décembre 18...

« Cher Lanyon, vous êtes un de mes plus

vieux amis, et quoique nous ayons pu, à de certains moments, différer sur des questions scientifiques, je ne puis me souvenir (au moins pour ma part) d'aucune interruption dans notre affection. Il ne fut jamais un jour où, si vous m'aviez dit : « Jekyll, ma vie, mon honneur, ma raison sont entre vos mains, » je n'eusse sacrifié ma fortune ou ma main gauche pour vous sauver. Lanyon ! ma vie, mon honneur, ma raison sont à votre merci ; si vous me faites faute ce soir, je suis perdu. Vous pourriez penser, d'après ces préliminaires, que je vais vous demander de faire quelque chose de déshonorant. Jugez vous-même.

« Je voudrais que vous remettiez tous vos engagements pour ce soir ; oui, même si vous étiez appelé au chevet d'un empereur ; que vous preniez un fiacre (à moins que votre voiture ne se trouvât actuellement à votre porte) et que, cette lettre en main (pour les instructions que je vais vous donner), vous vous fassiez conduire directement chez moi. Poole, mon maître d'hôtel, a reçu mes ordres, vous le trouverez vous attendant avec un serrurier, car il faudra forcer, pour l'ouvrir, la porte de mon cabinet, où vous entrerez seul ; vous ouvrirez l'armoire vernie (lettre E) à main gauche, vous briserez la serrure si parfois elle était fermée à clef, et vous prendrez *avec tout ce qu'il contient, sans rien déranger*, le quatrième tiroir à partir d'en haut ou, ce qui revient au même, le troisième à partir du bas. Dans ma détresse extrême d'esprit, j'ai une peur maladive de mal vous diriger ; mais même si je suis dans l'erreur, vous reconnaîtrez le tiroir dont je parle à son contenu, vous y verrez quelques poudres, une fiole et un cahier de papier. Ce tiroir, je vous prie de le rapporter avec vous à Cavendish square, absolument comme vous le trouverez. Voilà en quoi consiste la première partie du service que je vous demande. Maintenant voici la seconde. Si vous partez aussitôt après le reçu de cette lettre, vous serez de retour longtemps avant minuit; mais je vous accorderai jusque-là, non seulement par crainte des obstacles qu'on ne peut empêcher ni prévoir, mais aussi parce que l'heure à laquelle vos domestiques seront couchés est préférable, pour ce qui restera encore à faire. A minuit donc, je vous demanderai d'être seul dans votre cabinet de consultation, de recevoir vous-même, en personne, un homme qui se présentera en mon nom, et de lui remettre le tiroir que vous aurez pris dans mon cabinet et apporté avec vous. Alors vous aurez joué votre rôle et acquis tous les droits à ma reconnaissance. Cinq minutes après, si vous insistez pour une explication, vous aurez compris que ces recommandations ont une importance capitale et que par la négligence de l'une d'elles, toutes fantastiques qu'elles vous paraissent, vous pourriez avoir la conscience chargée ou de ma mort ou de la perte de ma raison. Malgré l'assurance que j'ai que vous ne traiterez pas cet appel avec légèreté, le cœur me manque et la main me tremble, à la simple supposition d'une telle possibilité. Figurez-vous que je suis dans un endroit inconnu, sous l'empire d'une détresse si noire que rien ne pourrait l'exagérer, et cependant assuré que si vous agissez ponctuellement d'après mes instructions, chacune de mes angoisses s'éloignera loin de moi aussi vite qu'une histoire que l'on raconte. Rendez-moi ce service, mon cher Lanyon, et sauvez votre ami.

« H. J. »

« P. S. — J'avais déjà cacheté ma lettre, quand mon âme a été assiégée d'une nouvelle terreur. Il serait possible que la poste déjouât tous mes calculs, et que ceci ne vous parvînt que demain matin ; en ce cas, mon cher Lanyon, faites ma commission quand cela vous sera le plus commode dans la journée et de nouveau attendez mon messager à minuit. Il sera peut-être déjà trop tard, et si cette nuit se passait sans événement, vous saurez que vous avez vu Henry Jekyll pour la dernière fois. »

Après la lecture de cette lettre, je ne doutais nullement que mon collègue ne fût fou, mais en attendant d'en avoir la preuve, je me crus obligé de faire droit à sa demande. Moins je comprenais cet imbroglio, moins je pouvais juger de son importance ; et un appel ainsi conçu ne pouvait être rejeté sans une grande responsabilité. Je me levai donc de table, sautai dans une voiture et me fis conduire de suite chez Jekyll. Le maître d'hôtel m'attendait ; il avait reçu, par la même distribution que la mienne était venue, une lettre, aussi enregistrée et remplie d'instructions. Il avait de suite envoyé chercher un serrurier et un menuisier. Ces ouvriers arrivèrent bientôt, et nous nous dirigeâmes tous ensemble vers l'amphithéâtre du vieux chirurgien, le docteur Denman, car, comme vous le savez sans doute, l'accès au cabinet du docteur Jekyll est plus facile de ce côté. La porte était solide, la serrure excellente ; le menuisier déclara que l'on aurait beaucoup de mal et que l'on ferait beaucoup de dégâts, s'il fallait agir par force ; le serrurier était presque désespéré, mais cependant c'était un garçon habile, et après deux heures de travail, la porte fut enfin ouverte. L'armoire marquée E n'était pas fermée à clef; je pris le tiroir, le fis remplir de paille, envelopper dans un drap, et l'emportai avec moi à Cavendish square. Là, je procédai à l'examen de ce qu'il contenait. Les paquets de poudre étaient assez bien faits, toutefois pas avec la régularité qu'ils auraient eue sortant des mains d'un pharmacien, ce qui me fit clairement voir qu'ils étaient de la fabrication de Jekyll ; j'en ouvris un, et je trouvai ce qui me sembla être un simple sel blanc cristallin. J'examinai alors la fiole : elle était à moitié pleine d'une liqueur rouge-sang, qui répandait une odeur très âcre, elle me parut contenir du phosphore et quelque éther volatil. Je ne pus deviner quels étaient les autres ingrédients. Le cahier était tout ordinaire et ne contenait qu'une série de dates, comprenant une période d'un grand nombre d'années, mais j'observai que les entrées avaient été arrêtées, il y avait plus d'un an, d'une manière tout à fait brusque. Ici et là une note attachée à une date, souvent le simple mot, « double, » mais cela ne se trouvait que cinq ou six fois dans un total de plusieurs centaines d'entrées ; une seule fois, tout à fait au commencement de la liste, cette remarque : « insuccès complet ! ! ! » Quoique ma curiosité fût bien excitée, tout cela ne me disait rien. J'avais là devant les yeux une fiole contenant quelque espèce d'essence, des paquets de quelque espèce de sel, et la consignation d'une série d'expériences qui n'avaient (comme beaucoup d'autres recherches de Jekyll) amené aucun résultat d'utilité pratique. Comment la présence de ces objets dans ma maison pouvaient-ils affecter l'honneur, la raison ou la vie de mon léger collègue ? Si son messager pouvait aller dans un endroit, pourquoi ne pouvait-il aller dans un autre ? Et même s'il y avait quelque empêchement, pourquoi devais-je recevoir ce Monsieur moi-même et en secret? Plus je réfléchissais, plus j'étais convaincu que j'avais affaire à un cas de maladie cérébrale. Toutefois, après avoir renvoyé mes domestiques, je chargeai un vieux revolver afin de ne pas être surpris sans quelque moyen de défense.

Minuit avait à peine sonné, quand j'entendis le marteau de la porte résonner doucement. J'allai ouvrir et trouvai là un homme de petite taille, qui s'effaçait autant que possible contre les piliers du portique. « Venez-vous de la part du docteur Jekyll ?» demandai-je.

D'un geste contraint, il me fit signe que oui, et quand je l'eus prié d'entrer, il n'obéit qu'après avoir jeté un coup-d'œil furtif dans les ténèbres du square. Non loin de là, un policeman s'avançait; je crus alors remarquer que mon visiteur fit un mouvement plus vif pour pénétrer dans la maison.

Ces détails me frappèrent, je l'avoue, d'une façon désagréable, et tout en l'accompagnant dans mon cabinet bien éclairé, je gardai ma main toute prête sur mon arme. Là au moins je pus l'examiner à mon aise. Je ne l'avais jamais vu nulle part auparavant; de cela j'étais certain. Il était petit, comme je l'ai déjà dit; ensuite je fus frappé par l'expression horrible de sa physionomie, combinant, d'une façon remarquable, une grande activité musculaire et l'apparence d'une grande débilité de constitution; je fus en outre très fortement saisi d'un malaise singulier et importun, causé par sa présence. C'était une sensation de froid, accompagnée d'un affaiblissement marqué du pouls. Au moment, je l'attribuai à quelque dégoût inexplicable et personnel et je m'étonnai

simplement de la violence des symptômes ;
mais depuis j'ai eu des raisons de croire que
la cause reposait entièrement dans la nature
de l'homme, et sur des arguments plus posi-
tifs qu'un instinct haineux.

Ce personnage qui, depuis son entrée dans
ma maison, n'avait excité en moi qu'un sentiment de curiosité plein de dégoût, était vêtu
d'une façon qui chez une autre personne eût
prêté à rire ; ses habits, si l'on peut parler
ainsi, quoique d'une étoffe riche et de bon goût,
étaient démesurément trop grands pour lui,
de toutes manières ; le pantalon, qui lui pen-
dait sur les jambes, était roulé par le bas,
pour l'empêcher de traîner ; la taille de son
paletot tombait plus bas que les hanches et le
col s'étendait largement sur ses épaules. C'est
étrange à constater, mais cet accoutrement
absurde n'avait excité en moi aucun mouvement de gaîté. Au contraire, comme il y

avait quelque chose d'anormal et de bâtard dans l'essence même de cette créature, que j'avais là devant moi quelque chose de saisissant, surprenant et révoltant, cette nouvelle disparité semblait en faire partie et lui donner de la force; ce qui fit qu'à l'intérêt qu'excitait en moi la nature de cet homme, vint s'ajouter la curiosité de son origine, de sa vie, de sa fortune et de sa position dans le monde. Quoique prenant un long espace pour être écrites, ces observations ne me prirent que quelques secondes. L'excitation sombre de mon visiteur l'avait certainement mis sur des charbons ardents.

« L'avez-vous, » s'écria-t-il, « l'avez-vous ? » Et, dans son impatience extrême, il me prit le bras et essaya de me le secouer.

Je le repoussai; son attouchement m'avait produit un frisson glacé, qui me courut partout dans les veines. « Allons, Monsieur, » dis-je, « vous oubliez que je n'ai pas encore le plaisir de vous connaître. Asseyez-vous, s'il vous plaît. » Je lui donnai l'exemple en m'asseyant moi-même, dans ma chaise accoutumée, prenant, autant que me le permettaient l'heure tardive, la nature de mes préoccupations et l'horreur que j'avais de mon visiteur, l'air habituel avec lequel je recevais mes malades.

« Je vous demande pardon, docteur Lanyon, » reprit-il assez civilement. « Ce que vous dites est très juste, et mon impatience a empiété sur ma politesse. Je viens ici, à l'instance de votre collègue le docteur Jekyll, pour une affaire de quelques instants, et j'avais compris... » (ici il s'arrêta, porta la main à sa gorge, et je pus m'apercevoir, qu'en dépit de sa manière composée, il était en train de lutter contre l'approche d'une attaque hystérique), « j'avais compris qu'un tiroir... »

Ici j'eus pitié de lui ; et aussi peut-être, disons-le, de ma curiosité croissante.

« Le voilà, Monsieur, » dis-je, indiquant du doigt l'endroit où reposait le tiroir, à terre, derrière une table et toujours recouvert du drap.

Il ne fit qu'un bond jusque-là, et s'arrêta, il se posa la main sur le cœur ; je pouvais entendre le grincement de ses dents, causé par l'action convulsive de sa mâchoire ; ses traits devinrent si livides, que je commençai à avoir peur, et pour sa vie et pour sa raison. « Calmez-vous, » lui dis-je.

Il grimaça un horrible sourire, et avec un mouvement de détermination désespéré, il souleva le drap. A la vue du tiroir, il laissa échapper un soupir de soulagement si immense que j'en restai pétrifié. L'instant d'après, il me demanda d'une voix déjà beaucoup plus assurée si j'avais un verre gradué.

Je me levai, non sans effort, et lui en donnai un.

Il me remercia d'un signe de tête en souriant, ensuite mesura une minime quantité de l'essence, et ajouta une des poudres. Le mélange, qui était d'abord d'une nuance un peu rouge, prit une couleur plus brillante au fur et à mesure que les sels se fondaient; alors il devint distinctement effervescent et laissa échapper une petite fumée vaporeuse. L'ébullition cessa tout à coup, et au même moment la composition prit une couleur plus foncée, laquelle s'effaça et fut remplacée par un vert très clair. Mon visiteur, qui avait suivi ces différents changements avec un intérêt intense, sourit, posa le verre sur la table et, se tournant vers moi, me dit : « Maintenant, entendons-nous. Voulez-vous être sage? Voulez-vous vous laisser guider? Voulez-vous, si, chez vous, la curiosité de savoir n'est pas trop forte, me laisser sortir avec ce verre sans autres explications ? Réfléchissez avant de répondre, car il sera fait selon votre désir. Si vous le décidez, vous resterez comme vous étiez auparavant, vous ne serez ni plus riche ni plus sage, à moins que la conscience d'un service rendu à un homme en mortelle détresse soit compté comme une richesse de l'âme. Ou, si vous le préférez, une nouvelle étendue de savoir et de nouvelles routes à la célébrité et au pouvoir seront ouvertes devant vous, ici, dans ce cabinet, à l'instant, et vous serez foudroyé par la vue d'un prodige, capable d'ébranler l'incrédulité en Satan. »

— « Monsieur, » dis-je en affectant un calme que j'étais loin de posséder, « vous parlez par énigmes, et vous ne serez peut-être pas étonné d'apprendre que je vous écoute sans être très impressionné. Mais je me suis déjà trop avancé dans la voie des services inexplicables, pour m'arrêter sans en avoir vu la fin. »

« C'est bien, » répliqua mon visiteur. « Lanyon, vous vous rappelez vos vœux ; ce qui va suivre est sous le sceau de votre profession. Et maintenant, vous qui avez été si longtemps limité aux vues les plus étroites et les plus matérielles, vous qui avez nié la vertu de la doctrine transcendentale, vous qui vous êtes moqué de vos supérieurs, — voyez ! »

Il porta le verre à ses lèvres et but d'une haleine. Un cri s'ensuivit ; il chancela, faiblit, et empoigna la table pour se soutenir ; il avait les yeux égarés et injectés de sang, tout en respirant fortement, la bouche ouverte. Pendant que je le regardais, il survint, il me sembla, un changement ; — il paraissait enfler ; — son visage devint soudainement noir, ses traits semblaient se fondre et se modifier ; — l'instant d'après je sautai de ma chaise, me reculant vers le mur, le bras levé pour me défendre contre ce prodige, l'esprit submergé de terreur.

« Grand Dieu ! » m'écriai-je, « Grand Dieu ! » et je répétai ces deux mots encore et encore ; car là, devant mes yeux, pâle, tremblant, à moitié évanoui, tâtonnant devant lui avec ses mains, comme un homme sorti de la tombe, était Henry Jekyll !

Ce qu'il me dit pendant l'heure qui suivit, je ne puis me décider à l'écrire. Je vis ce que je vis, j'entendis ce que j'entendis, et j'en eus l'âme navrée ; malgré tout, maintenant que ce spectacle a disparu de devant mes yeux, je me demande si j'y crois, et je ne puis répondre. Ma vie est ébranlée jusqu'à la racine, le sommeil m'a fui, les terreurs les plus mortelles m'assiègent à tout moment du jour et de la nuit ; je sens que mes jours sont comptés et je dois mourir, et cependant je mourrai incrédule. Quant à la turpitude morale qui me fut dévoilée par cet homme, quoique en versant des larmes de pénitence, je ne puis m'appesantir dessus, même en souvenir, sans un mouvement d'horreur. Je ne vous dirai qu'une chose, Utterson, et cela, si vous pouvez amener votre esprit à le croire, sera encore trop. La créature qui se glissa chez moi ce soir-là était, d'après le propre aveu de Jekyll, connue sous le nom d'Edward Hyde et recherchée aux quatre coins de la terre comme le meurtrier de Carew.

Hastie Lanyon.

X

EXPLICATION DU MYSTÈRE PAR HENRY JEKYLL

Je naquis en l'année 18.... Héritier d'une grande fortune, doué en plus d'heureuses facultés, d'un esprit naturellement industrieux, tenant à l'estime des gens intelligents et vertueux qui m'entouraient, j'entrais, comme on aurait pu le supposer, dans la vie avec toutes les garanties d'un avenir honorable et distingué. Par le fait, le plus grand de mes défauts était un certain goût mal contenu pour les plaisirs, goût qui eût pu faire le bonheur de beaucoup, mais qui pour moi était incompatible avec le désir impérieux que j'avais de porter haut la tête et d'affecter devant le public une contenance plus

grave que le commun de mes semblables.
Il arriva alors que je cachai mes folies, et
que, lorsque j'atteignis l'âge de réflexion et
regardai autour de moi pour constater mes
progrès et ma situation dans le monde, j'étais
déjà livré à une vie de profonde duplicité.
Plus d'un sans doute à ma place eût fait parade des irrégularités dont j'étais coupable;
mais, étant données les grandes vues que
j'avais en moi-même, je les considérais
comme graves et les cachais avec un sentiment de honte pour ainsi dire malsain. Ce
fut donc la nature exigeante de mes aspirations, plutôt qu'aucun avilissement particulier dans mes désordres, qui me fit ce que
j'étais, et trancha en moi, plus profondément
que dans la majorité des hommes, ces deux
provinces, le bien et le mal, qui divisent et
composent la double nature de l'homme.
Mes pensées alors revenaient sans cesse et

avec acharnement à cette dure loi de la vie qui forme la base de la conscience et est une des plus grandes sources de tortures morales. Quoique d'une duplicité si avérée, je n'étais, dans aucun sens du mot, hypocrite ; car ces deux phases de mon caractère étaient très sincères ; quand je mettais de côté toute contrainte et plongeais dans la honte, je n'étais pas plus moi-même que quand je travaillais au grand jour à l'avancement de mon savoir ou au soulagement de la misère et de la souffrance. Il advint que la direction de mes études scientifiques, qui se tournait entièrement vers le mystique et le transcendental, me démontra clairement la lutte perpétuelle qui existe chez l'homme entre le bien et le mal. Chaque jour, les deux côtés de mon intelligence, le moral et l'intellectuel, me rapprochèrent plus fortement de cette vérité, dont la découverte ruina ma vie, que l'homme n'est pas une entité, mais deux êtres de nature distincte. Je dis deux êtres de nature distincte, parce que mon savoir ne dépasse pas ce point. D'autres me suivront, d'autres me dépasseront sur cette même voie ; et je me hasarde à prédire qu'il sera définitivement reconnu que l'homme renferme en son âme les qualités les plus diverses et les plus opposées, en un mot que ce que nous appelons un homme n'est en vérité qu'un assemblage de plusieurs êtres. Moi, pour ma part, l'influence de la vie que je m'étais faite ne me laissa infailliblement avancer que dans une direction, et dans cette direction seulement. Ce fut par ma propre personne et par mon côté moral que j'appris à reconnaître la dualité complète et primitive de l'homme ; je vis que des deux natures qui se combattaient dans le champ de ma conscience, si je pouvais avec raison dire que j'avais l'une, ce n'était que parce que je les possédais essentiellement toutes les deux. De bonne heure et avant que mes découvertes scientifiques eussent pu me faire entrevoir la moindre possibilité d'un tel miracle, j'avais appris à caresser avec plaisir, comme un rêve, la pensée de séparer ces éléments. « Si chacun d'eux, » me disais-je, « pouvait être logé séparément, la vie serait allégée de tout ce qui est insupportable; le mal pourrait aller son chemin délivré de toutes les entraves que pourrait lui susciter une conscience gênante, et le bien pourrait suivre la grande route de la vertu en toute assurance et sécurité, se réjouissant de ses bonnes œuvres sans être exposé davantage à la disgrâce et aux remords qui pourraient lui être imposés par le côté pervers. Ce fut la malédiction de l'humanité que ces fagots si peu en rapports fussent ainsi liés ensemble, que dans le flanc agonisant de la conscience ces deux jumeaux de nature si opposée fussent toujours en lutte ? Comment les séparer ? »

Voilà où j'en étais lorsque, ainsi que je viens de le dire, la lumière se fit, sortant de mon laboratoire.

Je commençai à apercevoir plus qu'on ne l'avait jamais encore constaté l'immatérialité tremblante et l'inconsistance vaporeuse de ce corps en apparence si solide, qui nous revêt. Je découvris que certaines substances avaient le pouvoir de secouer et d'arracher ce vêtement de chair aussi bien que le vent pourrait secouer et arracher les parois d'une tente. Pour deux bonnes raisons, je n'insisterai pas sur le côté pratique de ma découverte. D'abord j'ai appris à mes dépens que notre destinée et le fardeau de la vie sont liés à jamais à notre existence, et que lorsque nous essayons de nous en débarrasser ils retombent sur nous plus lourdement. Ensuite, comme ma narration ne le rendra, hélas! que trop évident, mes découvertes étaient incomplètes. C'est assez dire que non seulement j'avais reconnu que mon corps matériel n'était que le mirage ou l'ombre de certains éléments dont mon âme était constituée, mais que j'étais même arrivé à composer un breuvage qui avait le pouvoir de détrôner ces éléments, de m'arracher à leur domination, et de me donner une seconde forme, une nouvelle physionomie, lesquelles ne m'étaient pas moins naturelles, quoiqu'elles fussent l'expression et portassent la marque des éléments les plus dégradants de mon âme.

J'hésitai longtemps avant de mettre cette théorie à l'épreuve de la pratique. Je savais bien que je risquais la mort, car une drogue pouvant si puissamment ébranler et maîtriser ce qui constitue le côté fort de l'identité pouvait, soit par une dose prise à un moment inopportun, soit encore par un soupçon d'erreur dans les quantités, détruire de fond en comble ce tabernacle immatériel que j'avais la prétention de changer. Mais la tentation d'une découverte si étrange, ouvrant des horizons si profonds, triompha de mes hésitations. J'avais depuis longtemps préparé mon essence; j'achetai de suite, dans une pharmacie en gros, une quantité énorme de cette espèce de sel que je savais d'après mes expériences être le dernier ingrédient dont j'avais besoin; très tard alors, pendant une nuit maudite, je composai mon mélange, surveillai son ébullition et les émanations vaporeuses qui s'en échappèrent. Quand il eut jeté son dernier bouillonnement, et avec une grande fièvre de courage, je l'avalai.

J'endurai alors d'affreuses tortures, mes os grincèrent; j'eus des nausées terribles et un soulèvement de l'âme que rien ne pourrait dépasser, ni les sensations de la naissance, ni celles de la mort. Graduellement ces agonies me laissèrent et, en revenant à moi, je me sentis comme une personne qui relèverait d'une grande maladie. Il y avait quelque chose d'étrange dans mes sensations, quelque chose de neuf et d'indescriptible, et cependant leur nouveauté les rendait douces et agréables. Je me sentais plus jeune, plus léger et plus heureux; il y avait du désordre dans mes idées; un torrent d'images sensuelles se précipitait devant mon imagination; l'indépendance pour moi n'avait plus de limites; je ressentais une liberté d'âme inconnue, mais non innocente. Je reconnus au premier souffle de cette nouvelle vie que j'étais plus vicieux, dix fois plus vicieux, et aussi je me sentis l'esclave de mes vices ; cette pensée au moment me mit en joie, et m'excita autant qu'aurait pu le faire le vin. J'étirai mes mains, me complaisant dans la fraîcheur de ces sensations, mais en faisant ce mouvement je m'aperçus que j'avais perdu en stature.

Je n'avais pas de glace dans mon cabinet ; celle qui est là, maintenant, ne fut apportée que plus tard, dans le seul but de ces transformations. Toutefois la nuit était fort avancée ; il était tout près du matin, et le matin, tout noir qu'il fût, allait engendrer le jour ; mes gens étaient encore plongés dans le sommeil. Je me décidai alors, tout rempli que j'étais d'espoir et de triomphe, de m'aventurer sous ma nouvelle forme jusqu'à ma chambre à coucher. Je traversai la cour, où les constellations du ciel me regardèrent ; j'aurais pu croire avec étonnement que j'étais la première créature de mon espèce que leur vigilance nocturne leur avait dévoilée ; je me glissai à travers les corridors, étranger dans propre maison, et, arrivant dans ma chambre, je contemplai, pour la première fois, la personnification d'Edward Hyde.

Je ne dois parler qu'en théorie, n'étant sûr de rien et me bornant à dire ce que je crois le plus probable. Le côté mauvais de ma nature auquel je venais de mettre l'estampille était moins robuste et moins développé que le bon côté, que je venais de déposer momentanément ; mais ma vie ayant été, après tout, en grande partie, une vie d'efforts, de vertu et de contrainte, il avait été beaucoup moins fatigué et épuisé ; il arriva donc que Edward Hyde était plus petit, plus mince et plus jeune que Henry Jekyll. Autant l'image de la bonté se reflétait dans les traits de l'un, autant les caractères du mal étaient imprimés lisiblement sur le visage de l'autre. De plus, le vice, qui, je suis encore porté à le croire, est le côté léthifère de l'homme, avait laissé sur ce corps une empreinte de difformité et d'affaiblissement. Malgré tout, en regardant dans la glace ce vilain masque, je ne ressentais pas de répugnance, au contraire, je l'aimais. Cela aussi était moi. Cela avait un air humain et naturel. A mes yeux, c'était une image plus vivante et plus personnelle que le physique imparfait et divisé que, jusque-là, j'avais eu l'habitude d'appeler : moi. Et jusqu'à ce point j'avais sans doute raison. Je remarquai que quand je personnifiais Edward Hyde, personne ne pouvait m'approcher sans ressentir un malaise visible. La cause de cela, comme je le comprends, est que tous les êtres humains que nous rencontrons sont un mélange de bien et de mal, et qu'Edward Hyde, seul dans les rangs de l'humanité, était le mal tout pur.

Je m'arrêtai un moment devant le miroir; j'avais à essayer la seconde et concluante expérience, j'avais encore à voir si je n'avais pas perdu mon identité sans retour, et si je n'allais pas être obligé de fuir, avant qu'il fît jour, d'une maison qui ne serait plus la mienne. Donc, retournant vivement à mon cabinet, une fois encore je préparai et bus le breuvage; je repassai par toutes les souffrances de la dissolution, et revins à moi avec le caractère, la stature et le visage de Henry Jekyll.

Cette nuit-là j'étais arrivé à l'embranchement fatal de la route. Si j'avais abordé ma découverte avec un esprit plus élevé, si j'avais risqué l'expérience sous l'empire d'aspirations pieuses et généreuses, tout eût été différent, et je serais sorti de ces agonies de mort et de renaissance un ange au lieu d'un démon.

Cette drogue n'avait aucune action déterminée; elle n'était ni diabolique ni divine, elle ne faisait qu'ébranler les portes de la prison de ma nature ; comme les captifs de Philippi, ce qui était renfermé s'échappait. A ce moment-là, la vertu sommeillait chez moi ; et le mal, tenu en éveil par l'ambition, il fut alerte et prompt à saisir l'occasion, et ce qui en résulta fut Edward Hyde. Donc, quoique je possédasse deux caractères et deux physionomies, l'un étant entièrement vicieux et l'autre étant toujours Henry Jekyll, ce mélange malheureux pour l'amélioration duquel j'étais sans espoir, cette expérience était donc entièrement défavorable.

Je n'avais pas encore conquis mon aversion pour la sécheresse d'une vie d'études. J'étais toujours de disposition joyeuse à de certains moments, et comme mes divertissements manquaient (pour ne pas trop dire) de dignité, et que j'étais non seulement bien connu et hautement considéré, mais qu'aussi je prenais de l'âge, cette incohérence de ma vie devenait de plus en plus fâcheuse. Ce fut ce qui me fit succomber à la tentation d'user de mon nouveau pouvoir et me rendit son esclave. Je n'avais qu'à boire ma composition pour me débarrasser de suite du corps du professeur en renom et me revêtir, comme d'un épais manteau, de celui d'Edward Hyde. L'idée me sourit, cela me semblait plaisant ; je fis alors mes dispositions avec le plus grand soin. Je pris et meublai cette maison dans Soho, dans laquelle Hyde fut traqué par la police, et j'engageai, comme femme de ménage, une créature que je connaissais pour être discrète et sans scrupules. D'un autre côté, j'annonçai à mes domestiques qu'un M. Hyde (que je leur décrivis) devait avoir pleine liberté et pouvoir dans ma maison, et de crainte d'accident, je me présentai bientôt et me rendis familier dans mon second caractère. Ensuite, je fis ce testament qui vous rendit si malheureux, afin que, si quelque chose m'arrivait en la personne du docteur Jekyll, je pusse, en celle d'Edward Hyde, prendre possession de mes biens, sans subir aucune perte pécuniaire. A l'abri de toute surprise, comme je le pensais, je me mis à jouir des privilèges de mon étrange situation.

Il y a eu des hommes avant moi qui ont payé des fripons pour accomplir leurs crimes, pendant que leur propre personne et leur réputation étaient à couvert. Je fus le premier qui usa de ce moyen pour servir ses plaisirs. Je fus le premier qui pût ainsi aller son chemin sous l'œil du public, couvert de l'estime générale, et, dans l'espace de quelques instants, comme un écolier, se débarrasser de ce masque et plonger tête en avant dans une mer de liberté.

Je jouissais d'une sécurité complète, sous mon manteau impénétrable. Pensez donc ! — je n'existais même pas ! Le temps de me glisser par la porte de mon laboratoire, de mélanger et avaler le breuvage que je tenais toujours prêt, et Edward Hyde, eût-il commis les plus grands crimes, s'effaçait comme un souffle sur un miroir, et là, à sa place, paisiblement chez lui, préparant sa lampe pour l'étude du soir, il y avait un homme au-dessus de tout soupçon, il y avait Henry Jekyll.

Le seul tort des plaisirs que je me hâtai de rechercher, sous mon déguisement, était, comme je l'ai déjà dit, de manquer de dignité. Mais dans les mains d'Edward Hyde ils ne tardèrent pas à tourner vers le monstrueux. Souvent, en revenant de ces excursions, je me demandais comment aucun lien pouvait m'unir à un être si dépravé. Cet être, que je faisais sortir de mon âme et lâchais seul au gré de ses plaisirs, était par nature méchant et vil ; ses actes et ses pensées étaient concentrées sur sa propre personne ; il se jetait dans la débauche avec une avidité bestiale, savourant les tortures qu'il pouvait infliger, impitoyable comme un homme de pierre. Henry Jekyll était quelquefois frappé de stupeur devant les actions d'Edward Hyde ; mais la situation, par cela même qu'elle était en dehors des lois ordinaires, amenait insidieusement un relâchement des étreintes de ma conscience. C'était Hyde, après tout, et Hyde seul qui était coupable. Jekyll n'en valait pas moins, il se réveillait toujours avec ses bonnes qualités, en apparence intactes ; il se hâtait même, quand c'était possible, de remédier au mal fait par Hyde. Et ainsi sa conscience s'endormait.

Je n'ai aucunement l'intention d'entrer dans les détails de l'infamie sur laquelle je fermais les yeux (car, même maintenant, je puis à peine admettre que j'y prisse part) ; je veux seulement indiquer les avertissements qui précédèrent mon châtiment et par quelle marche successive il approchait. Il m'arriva une aventure que je ne ferai que mentionner, car elle n'eut pas de suites. Un acte de cruauté envers une enfant excita contre moi la colère d'un passant, que je reconnus l'autre jour dans la personne de votre cousin ; le médecin, que l'on avait envoyé chercher et la famille de l'enfant se joignirent à lui ; j'eus pendant quelques instants peur pour ma vie, ce qui fit que pour calmer leur trop juste ressentiment, je dus les laisser m'accompagner jusqu'à la porte du laboratoire, d'où je ressortis avec un chèque pour les indemniser ; ce chèque, je dus le signer du nom de Henry Jekyll. Mais j'écartai aisément ce danger pour l'avenir, en ouvrant un crédit, dans une autre banque, au nom d'Edward Hyde ; et quand, après plusieurs tentatives, j'eus réussi à créer une signature pour mon double, je me crus à l'abri des atteintes du sort.

A peu près deux mois avant le meurtre de sir Danvers, j'étais sorti pour un de mes exploits, et rentré le soir, quand le lendemain matin je me réveillai avec des sensations quelque peu singulières. En vain je regardai autour de moi, en vain les meubles respectables de ma grande chambre dans le square frappèrent ma vue, en vain je reconnus la forme de mon bois de lit en acajou et le dessin de mes rideaux ; quelque chose de plus fort que moi persistait à me faire croire que je n'étais pas où j'étais, que je ne m'étais pas réveillé où je paraissais être,

mais dans la petite chambre dans Soho, où
j'avais l'habitude de coucher sous la forme
d'Edward Hyde. Je me souris à moi-même,
et avec ma manie psychologique je me mis à
chercher la cause de cette illusion, tout en
retombant de temps en temps dans un
agréable assoupissement. J'étais encore en
train de débattre la question, quand, dans un
intervalle de réveil complet, mes yeux tombèrent sur ma main. La main de Henry Jekyll
(comme vous l'avez souvent remarqué) était
professionnelle comme forme et comme gran-
deur ; elle était large, ferme, blanche et gra-
cieuse. Mais la main que j'avais devant moi,
étendue à moitié fermée sur les draps du lit,
et que je voyais distinctement dans la lumière
jaune d'un matin de Londres, était maigre,
cordée, noueuse, d'une pâleur terne, et om-
bragée par une épaisse couche de poils noirs.
Cette main était la main d'Edward Hyde.

Je la contemplai pendant près d'une demi-minute, dans un ébahissement stupide, avant que la terreur me saisît ; alors elle s'éveilla en moi tout à coup, soudaine et violente comme un coup de timbale. Je sautai de mon lit et me précipitai vers le miroir. A la vue de l'image qu'il me renvoya, mon sang se glaça dans mes veines. Oui, je m'étais couché Henri Jekyll, je me réveillais Edward Hyde ! « Comment expliquer cela ? » me demandai-je avec terreur. — « Comment y remédier ? » La matinée était déjà avancée ; les domestiques étaient levés ; toutes mes préparations étaient dans mon cabinet. — Quel long voyage ! Descendre deux étages par l'escalier de service, traverser la cour et l'amphithéâtre ! Je restai un instant frappé d'horreur. Il est vrai que je pouvais me couvrir le visage, mais à quoi bon ? Je ne pouvais cacher ma taille. Avec une douce sensation, il me revint à l'esprit que mes domestiques étaient déjà habitués aux allées et venues de mon second moi-même. Je m'habillai vivement, le mieux que je pus, dans des vêtements trop grands; je traversai la maison rapidement; Bradshaw m'aperçut et m'examina curieusement pendant un instant, évidemment étonné de voir M. Hyde à une telle heure et dans un tel accoutrement. Dix minutes plus tard, le docteur Jekyll avait recouvré sa forme, et était assis à sa table, les sourcils froncés, faisant semblant de déjeuner.

Je n'avais certainement pas beaucoup d'appétit. Cet incident inexplicable, ce renversement de mes expériences antérieures avait un air du doigt Babylonien, écrivant mon jugement sur le mur; je me mis à réfléchir plus sérieusement que je ne l'avais jamais fait sur les suites possibles de ma double existence. Cette partie de moi-même, que j'avais le pouvoir de faire ressortir, avait été dernièrement bien exercée et fortifiée, et j'avais remarqué dans les derniers temps que le corps d'Edward Hyde avait gagné en stature, et, quand j'étais sous cette forme, je sentais un sang plus généreux couler dans mes veines; je pressentis un grand danger, je fus convaincu que si je prolongeais longtemps ce genre de vie, la balance de ma nature pourrait être renversée à jamais, le pouvoir de la transformation perdu et le caractère d'Edward Hyde devenir le mien irrévocablement. Le breuvage n'avait pas toujours agi également. Une fois, dans les commencements, il avait complètement manqué son effet; depuis lors, j'avais été obligé plus d'une fois, au risque de la mort, de doubler et même tripler la dose. Ces rares incertitudes avaient seules jeté une ombre sur ma satisfaction. En me rendant un compte exact de l'état des choses, je constatai qu'en premier lieu la difficulté était de rejeter le corps de Jekyll, et que maintenant elle était décidément passée de l'autre côté. D'où je conclus que petit à petit je perdais prise sur ma meilleure nature, et m'incorporais par degrés dans la seconde, la plus mauvaise.

Je sentis qu'il me fallait choisir entre les deux natures. Elles avaient la mémoire en commun, mais toutes mes autres facultés étaient partagées d'une façon bien inégale.

Jekyll, qui était un composé, faisait rejaillir ses plaisirs sur Hyde, et les lui faisait partager, tantôt avidement et tantôt avec les appréhensions les plus vives ; tandis que Hyde était indifférent pour Jekyll, ou ne s'en souvenait que comme le bandit de la montagne se souvient de la caverne qui le dérobe aux poursuites. L'intérêt de Jekyll pour Hyde était, pour ainsi dire, plus que paternel, celui de Hyde pour Jekyll était plus qu'indifférent. Me fixer définitivement avec Jekyll était renoncer à la satisfaction de ces appétits, auxquels je m'étais depuis longtemps secrètement livré, et que je commençais à chérir. Me fixer avec Hyde était renoncer à mille intérêts, à mille aspirations; c'était d'un coup et pour toujours me livrer au mépris, et vivre sans amis. Le marché pouvait paraître inégal, mais j'avais encore une autre chose à prendre en considération : je savais que, pendant que Jekyll souffrirait douloureusement de la fièvre d'abstinence, Hyde n'aurait même pas conscience de tout ce qu'il aurait perdu. Quelque étrange que fût ma position, les termes de ce débat sont aussi vieux et aussi communs que l'homme; à peu près les mêmes espoirs et les mêmes craintes décident d'un coup de dé le sort du pécheur tenté et indécis; mais il m'arriva, comme il arrive à la plus grande majorité de mes semblables, de choisir le bon côté, et de désirer fortement d'y rester.

Oui, je préférai le docteur vieux et mécontent, entouré de ses amis, et caressant des espoirs honnêtes; j'adressai un adieu résolu à la liberté, à la jeunesse comparative, à la démarche légère et aux plaisirs secrets, dont j'avais joui sous le déguisement de Hyde. Je fis ce choix peut-être avec des réserves dont je n'avais pas conscience, car je gardai la maison de Soho, et je ne détruisis pas les vêtements d'Edward Hyde; que je tenais toujours prêts dans mon cabinet. Pendant deux mois toutefois, je fus fidèle à ma détermination; pendant deux mois, je menai une vie d'une sévérité à laquelle je n'avais jamais atteint, et je jouis des compensations que vous apporte une conscience tranquille. Mais le temps peu à peu atténua mes alarmes, les louanges de ma conscience ne m'impressionnèrent plus autant ; je subis les tortures du désir et de l'angoisse : c'était Hyde, luttant pour la liberté. Enfin je succombai et une fois encore je mélangeai et bus le breuvage qui transformait.

Je ne crois pas qu'un ivrogne raisonnant avec lui-même sur son vice soit, une fois sur cinq cents, affecté par les dangers que lui fait courir son insensibilité physique de brute ; je n'avais pas non plus, malgré le temps que j'avais pris pour y penser, tenu assez compte de la complète insensibilité morale, et de la propension sans bornes à la perversité qui caractérisaient Edward Hyde. Cependant, de là vint ma punition. Mon démon avait été longtemps en cage, il sortit rugissant. Je ressentis même, en prenant le breuvage, un désir furieux et sans frein de faire le mal. Il est même probable que ce fut ce qui souleva dans mon âme cette tempête d'impatience avec laquelle j'écoutai les civilités de ma malheureuse victime; au moins, je prends Dieu à témoin qu'aucun homme sain d'esprit n'eût pu se rendre coupable de ce crime, sur une provocation si futile, et que je frappais, aussi dépourvu de raison qu'un enfant malade qui brise un jouet. Mais j'avais volontairement rejeté loin de moi tous ces instincts d'équilibre à l'aide desquels les plus méchants d'entre nous poursuivent leur chemin avec quelque degré d'assurance, au milieu des tentations. Dans mon cas, être tenté, aussi légèrement que ce fût, était succomber.

Un enfer s'éveilla en moi instantanément, et fit rage. C'était avec un transport de joie que je meurtrissais le corps sans résistance

de ma victime, goûtant un plaisir extrême à
chaque coup que je donnais, et ce ne fut que
quand la fatigue s'empara de moi soudainement, et au plus haut degré de mon délire,
que je fus frappé au cœur par un tressaillement froid de terreur. Le jour se fit à mes
yeux, je vis ma vie entièrement perdue, et
je fuis cette scène d'horreur, fier et tremblant à la fois, mon appétit pour le mal satisfait et stimulé, l'instinct de la conservation
surexcité au plus haut degré. Je courus à
la maison dans Soho, et, pour plus de sûreté,
je détruisis mes papiers; ensuite, je me pro-
menai par les rues éclairées, partagé entre
la joie et la crainte, le cœur léger, me ré-
chauffant dans mon crime, en imaginant
d'autres pour plus tard; et cependant hâ-
tant le pas et prêtant l'oreille, me croyant
poursuivi par la justice vengeresse. Hyde
avait une chanson sur les lèvres en composant

le breuvage qu'il but à la santé du mort. Les douleurs de la transformation n'étaient pas encore passées, que Henry Jekyll tombait à genoux, ses mains tendues vers le ciel, versant des larmes de gratitude et de remords. Le voile du mensonge tomba et la vérité m'apparut. Je revis ma vie toute entière ; je la repris aux jours de mon enfance, quand, dans nos promenades, mon père me tenait par la main ; je revis les durs travaux que m'avait imposés ma vie professionnelle, et je revenais toujours, avec une même absence de réalité, aux horreurs maudites de la soirée. J'avais des envies de crier ; je priai et demandai avec des larmes, que cette foule d'images hideuses, qui malgré moi remplissaient mon imagination, fussent effacées, et sans cesse, entre mes prières, mon iniquité se dressait devant moi dans son aspect repoussant et me glaçait jusqu'au fond de l'âme. Cependant à mesure que la violence de mes remords s'affaiblissait, ils étaient remplacés par une sensation de bien-être. Le problème de ma conduite était résolu ; Hyde était devenu impossible ; que je le voulusse ou non, j'étais maintenant réduit à la meilleure part de mon existence ; comme cette pensée me fit du bien ! Avec quelle bonne volonté je me soumis aux obligations d'une vie naturelle, avec quelle sincère renonciation je fermai la porte par laquelle j'étais si souvent entré et sorti, et écrasai la clef sous mon talon !

Le jour suivant, j'appris que le meurtre avait été découvert, que la culpabilité de Hyde était prouvée, et que la victime était tenue en haute estime par le public. Ce n'était pas seulement un crime, cela avait été une folie tragique ; j'étais heureux d'avoir cette conviction ; j'étais aussi heureux, je crois, de savoir mes bonnes intentions soutenues et gardées par la crainte de l'échafaud. Jekyll était mon refuge; Hyde n'avait qu'à se montrer, et le monde entier se lèverait pour le prendre et l'égorger.

Je résolus de racheter mon passé par l'avenir, et je puis honnêtement dire que ma résolution porta des fruits. Vous savez vous-même comment, pendant une bonne partie de l'année dernière, je travaillai à soulager la souffrance; vous savez comme je m'employai à faire le bien, et vous savez aussi comme les jours s'écoulaient paisiblement pour moi; j'étais presque heureux. Je ne pourrais pas dire non plus que je me fatiguais de cette vie bienfaisante et innocente; je pense qu'au contraire elle me plaisait tous les jours davantage; mais cependant j'étais encore hanté par mes idées de dualité, et à mesure que mon repentir s'effaçait, mon côté bas et vil, qui avait pu satisfaire ses passions pendant si longtemps, et qui n'était enchaîné que depuis si peu, grognait après la liberté. Non pas que je songeasse à ressusciter Hyde (cette seule pensée me rendait fou); non, c'était moi-même qui, une fois de plus, avais des velléités de plaisirs ; ce fut avec l'hypocrisie ordinaire du pécheur que je succombai enfin à la tentation.

Il y a une fin à toutes choses; la mesure la plus grande finit par s'emplir, et cette brève condescendance à mes mauvais penchants détruisit l'équilibre de mon âme. Cependant, je ne m'alarmai pas; la chute me parut naturelle, ce fut comme un retour aux anciens jours, avant que j'eusse fait ma découverte. Un beau matin de janvier, quand l'hiver touchait à sa fin, et qu'il n'y avait pas un nuage au ciel, quoique l'humidité se fît un peu sentir aux endroits où la gelée avait fondu, Regent Park était plein de gazouille-

ments et l'air empli d'un parfum printanier.
Je m'assis sur un banc, au soleil; l'animal en
moi se pourléchait au souvenir de mes méfaits ; mon être spirituel, tout en se promettant un repentir subséquent, se laissait aller
un peu à l'engourdissement, et ne se pressait
pas d'entrer dans cette voie. Au beau milieu
de ce contentement de moi-même, une faiblesse me saisit, j'eus une horrible nausée et
un frissonnement me passa par tout le corps.
Ces symptômes se calmèrent, mais me laissèrent le cœur sur les lèvres; à son tour la faiblesse me quitta ; je remarquai un changement dans le cours de mes pensées, je me
sentais une plus grande hardiesse, du mépris
pour le danger, et une sorte d'affranchissement de toute espèce de frein. Je baissai les
yeux, mes vêtements pendaient, sans aucune
forme, sur mes membres rétrécis ; la main
posée sur mon genoux était noueuse et cou-

verte de poils. Je me trouvais une fois de
plus Edward Hyde. Un moment avant, je
pouvais prétendre au respect de tout le
monde : j'étais riche, estimé, chez moi la
table était servie et m'attendait ; maintenant,
j'étais à la merci de tous, poursuivi, sans
abri, un meurtrier signalé, pour qui l'échafaud était dressé.

Ma raison chancela, mais ne m'aban-
donna point entièrement. J'ai remarqué
plus d'une fois que, dans mon second caractère, mes facultés semblaient aiguisées,
et que mon esprit était plus souple ; ce qui
fit que, là où Jekyll eût succombé, Hyde
s'éleva à la hauteur de la situation. Mes
drogues étaient dans une des armoires de
mon cabinet. Comment y atteindre ? Ce fut
le problème que, pressant ma tête entre
mes mains, j'essayai de résoudre. J'avais
fermé la porte du laboratoire. Si j'essayais

d'entrer par la maison, mes propres serviteurs m'enverraient à l'échafaud. Je vis qu'il fallait employer un intermédiaire et je pensai à Lanyon. Comment pourrais-je l'approcher? Comment le persuader? Même en supposant que l'on ne m'arrêtât pas dans la rue, comment me faire admettre en sa présence? Et comment pourrais-je, moi, visiteur inconnu et déplaisant, persuader ce praticien célèbre de dévaliser le cabinet de son collègue le docteur Jekyll? Je me souvins alors que de mon caractère original une chose me restait; j'avais conservé ma propre écriture, et une fois que cette idée lumineuse m'eut traversé l'esprit, je vis clairement ce qui me restait à faire d'un bout à l'autre.

J'arrangeai mes vêtements aussi bien que je pus, et appelai un fiacre qui passait; je me fis conduire à un hôtel dans Portland Street, que je me rappelai par hasard. A mon aspect (lequel en effet était assez comique, quelque tragique que pût être le sort qu'il recouvrait) le cocher n'avait pu retenir un accès de gaieté. Je grinçai des dents avec un transport de furie diabolique, le sourire disparut de son visage,—heureusement pour lui,—plus heureusement encore pour moi, car une minute de plus et je l'aurais sans doute arraché de son siège. Je jetai des regards si farouches autour de moi, en entrant dans l'hôtel, que les domestiques tremblèrent n'osant échanger un coup d'œil en ma présence; ils prirent obséquieusement mes ordres, me conduisirent à une chambre et m'apportèrent tout ce qu'il faut pour écrire. Hyde en danger de vie était une créature toute nouvelle pour moi ; secoué par une colère désordonnée, prêt au meurtre, si on l'entravait dans ses desseins, se réjouissant même à cette idée ; il avait cependant conservé toute son intelligence : il maîtrisa sa fureur par un grand effort de volonté, composa ses deux lettres si importantes, une à Lanyon, l'autre à Poole, et, pour plus de sûreté, les envoya à la poste avec l'ordre de les faire enregistrer.

Il passa la journée assis près du feu dans sa chambre, rongeant ses ongles, et dîna en tête-à-tête avec ses craintes ; le garçon tremblait visiblement devant lui. A la nuit noire, il partit, enfoncé dans un coin d'une voiture fermée, et il se fit promener par les rues. Je dis lui, — car je ne puis pas dire moi. Ce produit de l'enfer n'avait rien d'humain, il n'avait rien, en lui, que de la peur et de la haine. Quand enfin il pensa que le cocher commençait à devenir méfiant, il le renvoya et s'aventura à pied, vêtu de ces habits qui lui allaient si mal, un objet remarquable, parmi les passants nocturnes. Ces deux passions viles firent rage dans son cœur. Il marchait vite, chassé par l'effroi, se parlant à lui-même, se cachant dans tous les renfoncements, comptant les minutes qui le séparaient encore de minuit. Il rencontra une femme qui lui adressa la parole, lui offrant, je crois, d'acheter une boîte d'allumettes; il lui donna un coup en pleine figure et elle s'enfuit.

Lorsque je revins à moi chez Lanyon, la répugnance de mon vieil ami m'affecta peut-être un peu, je ne sais pas; dans tous les cas, ce ne fut qu'une goutte d'eau dans la mer d'horreur qui m'envahit quand je repassai dans ma mémoire les quelques heures qui venaient de s'écouler. Un changement survint en moi. Je n'avais plus la peur de l'échafaud ; c'était la pensée terrible d'être Hyde qui maintenant me mettait au supplice. Ce fut presque comme dans un rêve que je reçus la condamnation de Lanyon, ce fut presque dans un rêve que j'arrivai chez moi et me couchai. Après les prostrations de la journée, je dormis d'un sommeil profond et complet, dont je ne pus être tiré même par les cauchemars affreux qui m'assaillirent. Je me réveillai le lendemain matin, secoué et affaibli, mais cependant rafraîchi. Je haïssais et craignais toujours la brute qui dormait en moi et, naturellement, je n'avais pas oublié les dangers effrayants de la veille ; toutefois, me retrouvant chez moi, dans ma propre maison, près de mes drogues, le bonheur que j'éprouvais d'être échappé au péril n'était égalé que par mon espoir dans l'avenir.

Je traversai la cour avec lenteur, après déjeuner, aspirant avec plaisir l'air, un peu frais, quand je me sentis ressaisi de ces sensations qui précédaient la transformation. Je n'eus que le temps de m'abriter dans mon cabinet, et je me retrouvai en proie à toute la fureur des passions de Hyde. Cette fois, je dus prendre la dose double, pour me rappeler à moi-même ; et, hélas ! six heures après, j'étais assis devant la cheminée, regardant tristement le feu ; les douleurs me reprirent, et il me fallut de nouveau m'administrer le breuvage.

Bref, à partir de ce jour, ce ne fut que par de grands efforts, une contrainte continuelle et seulement sous l'influence immédiate de la drogue, que je pus conserver l'apparence de Jekyll ; à toutes les heures du jour et de la nuit, je ressentais le frisson avertisseur; surtout si je dormais, ou même m'assoupissais un instant dans ma chaise, je me réveillais toujours Hyde. Sous la menace de cette catastrophe, et par le manque de sommeil auquel je me condamnais, même au delà de ce que je croyais possible à l'homme, je ne tardai pas à être rongé et épuisé par la fièvre, affaibli au physique et au moral, et n'ayant plus qu'une pensée : l'horreur de mon autre moi-même ; quand je dormais, ou quand la vertu du médicament s'affaiblissait, j'entrais presque sans transition (car les douleurs de la transformation devenaient tous les jours moins fortes) en la possession d'une imagination débordant de terreur, d'une âme bouillant de haines sans cause, et d'un corps ne semblant pas assez fort pour contenir les énergies impétueuses de la vie. La puissance de Hyde semblait augmenter avec la disposition maladive de Jekyll. Et la haine qui les divisait était certainement égale de chaque côté. Chez Jekyll, c'était un instinct vital. Il avait vu pleinement la difformité de cette créature qui partageait avec lui quelques-uns des éléments de la vie, qui comme lui était cohéritier de la mort ; et au delà de ces liens

communs, lesquels par eux-mêmes formaient
la partie la plus poignante de sa détresse,
il ne regardait Hyde, malgré son existence
palpable, que comme une chose non seulement
monstrueusement diabolique, mais inor-
ganique. Ce qu'il y avait de plus écœurant,
c'était que, de la vase de l'autre, il semblait
que des voix sortaient qui proféraient des cris,
que les cendres gesticulaient et prêchaient,
que ce qui était mort et sans forme usurpait
les fonctions de la vie. Et plus encore cette
horreur qui s'insurgeait était liée avec lui par
des liens plus intimes que ceux qui l'eussent lié à une femme; elle lui était plus proche que ses yeux, elle était emprisonnée dans
sa chair, où il l'entendait murmurer et se
débattre pour se faire jour, et à chaque heure
de faiblesse aussi bien que dans l'abandon
du sommeil, elle s'élevait contre lui et le dé-
possédait de la vie. La haine de Hyde pour

Jekyll était d'un ordre différent. La terreur de l'échafaud lui faisait continuellement commettre un suicide temporaire et retourner à la position subordonnée de n'être qu'une partie d'un être, au lieu d'être cet être en entier ; mais cette nécessité lui inspirait du dégoût ; il avait en aversion l'abattement dans lequel Jekyll était maintenant tombé, et il ressentait l'injure de la répugnance avec laquelle Jekyll le considérait. Ce fut ce qui lui inspira tous les tours de singe qu'il me joua : traçant avec mon écriture des blasphèmes sur les pages de mes livres, brûlant les lettres de mon père et détruisant son portrait, et s'il n'avait pas eu une si grande peur de la mort, il se fût livré il y a longtemps, à seule fin de m'entraîner dans sa perte. Son attachement à la vie est vraiment merveilleux ; je dis plus, moi qui ai le cœur soulevé et le sang glacé à sa seule pensée, quand je me représente l'agitation et la passion de cet attachement, connaissant la crainte qu'il a du pouvoir que j'ai de lui échapper par le suicide, j'arrive même à avoir pitié de lui.

Le temps me manque terriblement pour prolonger cette description, d'ailleurs inutile; personne n'a jamais éprouvé de tels tourments : que cela suffise; et cependant l'habitude m'avait apporté non de l'adoucissement mais une espèce de callosité de l'âme, une certaine acquiescence de désespoir, et ma punition eût pu durer des années sans une dernière calamité qui vient d'arriver et qui m'a finalement séparé et de mon propre visage et de ma propre nature. Ma provision de sels, qui n'avait jamais été renouvelée depuis ma première expérience, diminua sensiblement. J'en envoyai chercher d'autres; je mêlai le breuvage, l'ébullition eut lieu et le premier changement de couleur suivit, non le second ; je le bus quand même, mais sans effet. Poole vous dira comment j'ai en vain fouillé tout Londres; je suis maintenant persuadé que ma première provision était impure, et que cette impureté ignorée avait donné son efficacité à mon breuvage.

Voilà huit jours de passés et je finis ce compte-rendu sous l'influence de la dernière des anciennes poudres. C'est alors la dernière fois que, à moins d'un miracle, Henry Jekyll peut penser ses propres pensées, voir son propre visage (bien tristement altéré maintenant) dans la glace. Je ne dois pas non plus tarder de terminer mes écritures ; car si jusqu'ici ma narration a échappé à la desctrution, ce n'est que grâce à une combineison de grande prudence et d'heureux hasard. Que les angoisses de la transformation me prennent pendant que j'écris, Hyde la déchirera en morceaux. Mais si, après que je l'aurai mise de côté, il se passe un certain temps, son égoïsme étonnant et son instinct de préservation momentanée la sauveront peut-être une fois de plus de l'action de sa colère de singe. Sans aucun doute, le sort qui nous enveloppe tous les deux l'a déjà changé et accablé. Dans une demi-heure, quand je serai, et pour toujours, réintégré dans cette détestable personnalité, je sais que je m'asseoirai, pleurant et frissonnant, dans ma chaise, ou continuerai, avec l'angoisse la plus contrainte et la plus craintive, d'écouter, d'aller et venir dans ce cabinet, mon dernier refuge sur cette terre, et de prêter l'oreille à chaque bruit menaçant. Hyde mourra-t-il sur l'échafaud ? Ou trouvera-t-il le courage de se libérer au dernier moment ? Dieu le sait, cela m'est égal. Je suis maintenant à l'heure véritable de ma mort, et ce qui suivra concerne un autre que moi. Ici alors, en posant ma plume, et terminant ma confession, j'amène à sa fin la vie de ce malheureux Henry Jekyll.

UN LOGEMENT POUR LA NUIT

UN
LOGEMENT POUR LA NUIT

Le mois de novembre de l'année 1456 touchait à sa fin. La neige tombait sur Paris avec une persistance rigoureuse ; de temps en temps un coup de vent furieux la faisait voltiger en tourbillons ; la rafale passée, elle recommençait à descendre lentement en flocons interminables dans l'air noir et silencieux de la nuit. Les pauvres gens qui, le nez en l'air et les sourcils humides, la regardaient venir avaient peine à comprendre d'où une telle masse pouvait tomber. Maître François Villon avait, cette après-midi-là, à la fenêtre d'une taverne, proposé un problème. Etait-ce le paien Jupiter plumant ses oies sur l'Olympe? Ou étaient-ce les saints anges en train de muer? Il n'était qu'un pauvre maître-ès-arts, avait-il ajouté, et comme la question touchait quelque peu à la divinité, il n'osait s'aventurer à conclure. Un simple, vieux prêtre qui se trouvait parmi la compagnie, paya une bouteille de vin au jeune coquin en honneur de la plaisanterie et des grimaces qui l'avaient accompagnée ; il jura sur sa barbe blanche qu'il avait été lui-même un chien aussi irrévérent que Villon quand il était de son âge. L'air était vif et piquant quoiqu'il ne gelât pas très fort, et les flocons tombaient larges, humides, adhérents. Toute la ville était comme recouverte d'un drap blanc. Une armée en marche eût pu la traverser d'un bout à l'autre, sans qu'un bruit de pas donnât l'éveil.

S'il se trouvait au ciel quelques oiseaux retardataires, l'île devait leur sembler un linceul immense, et les ponts, sur le fond noir de la rivière, de minces barres blanches. Tout en haut au-dessus de la tête, la neige s'amoncelait parmi les réseaux des tours de la cathédrale. Plus d'une niche était pleine, plus d'une statue était coiffée d'un chapeau blanc, qu'elle portât une tête de saint ou de grotesque. Les gargouilles étaient transformées en d'énormes faux nez, s'affaissant vers la pointe. Quand le vent cessait de souffler, on entendait tout autour de l'église un son lourd d'eau dégouttante. Le cimetière Saint-Jean avait bien pris sa part de la neige, toutes les tombes en étaient recouvertes d'une couche épaisse. Les hauts toits des maisons aux alentours s'élevaient majestueux dans leurs vêtements blancs. Les bons bourgeois étaient couchés depuis longtemps, en bonnet de nuit, comme leurs domiciles ; on ne voyait aucune lumière dans tout le voisinage, que celle venant d'une lampe suspendue dans le chœur de l'église, laquelle déplaçait les ombres au gré de ses oscillations. L'horloge marquait bien près de dix heures quand la patrouille, battant des mains, armée de hallebardes et d'une lanterne, passa par là ; elle ne vit rien de suspect aux alentours du cimetière Saint-Jean.

Cependant, adossée au mur du champ de repos se trouvait une petite maison encore éveillée ; pas éveillée pour un bon motif, dans ce quartier où tout ronflait. Elle ne se trahissait que par un jet de vapeur chaude sortant par le haut de la cheminée, quelques endroits faisant tache sur le toit, là où la neige avait fondu ; devant la porte, où des traces de pas à moitié effacées étaient visibles. A l'intérieur, derrière les contrevents, maître François Villon le poète, avec quelques-uns des bandits qu'il fréquentait, prolongeait la veillée et on buvait à la ronde.

Une grande masse de charbons ardents envoyait de la cheminée voûtée une forte lueur vermeille, devant laquelle dom Nicolas, le moine de Picardie, la robe relevée, exposait au bien-être de la chaleur ses grosses jambes nues. Son ombre dilatée coupait la salle en deux, la lumière ne s'échappant que de chaque côté de sa large personne, et, en un petit filet, entre ses deux pieds écartés. Il avait le visage couvert d'un réseau de veines congestionnées ordinairement pourpre, mais pour le moment d'un violet pâle (car quoiqu'il eût le dos au feu le froid le pinçait par devant); il portait, fortement accusées, les traces meurtries et contusionnées d'un buveur avéré. Son capuchon, à moitié retombé, produisait une excroissance étrange sur son cou de taureau.

Donc il se chauffait, les jambes écartées, grommelant, coupant la salle en deux par l'ombre de sa forme puissante. A droite, Villon et Guy Tabary, pressés l'un contre l'autre, étaient penchés sur un bout de parchemin. Villon faisait une ballade qu'il allait appeler « La ballade du poisson rôti ». L'admiration de Tabary éclatait à chaque mot trouvé par son ami.

Le poète n'était qu'un lambeau d'homme, petit, brun et maigre; il avait les joues creuses et la tête garnie de petites boucles de cheveux noirs. Il portait ses vingt-quatre ans avec une animation fiévreuse. La convoitise lui avait creusé des rides autour des yeux, de mauvais sourires lui avaient grimacé le contour de la bouche. Un curieux mélange de grossièreté et de cruauté luttaient ensemble sur sa figure; toute sa personne révélait éloquemment son caractère rusé, méchant et sensuel. Il agitait constamment devant lui, dans une pantomime expressive, ses mains aux doigts noueux, petites et préhensiles. Quant à Tabary, sa grande admiration, complaisante et imbécile, soufflait de son nez aplati et de ses lèvres baveuses; il était devenu voleur tout aussi bien qu'il fût devenu le plus honnête des bourgeois par un coup du destin.

A gauche du moine, Montigny et Thevenin Pensete jouaient à un jeu de hasard. Il y avait dans le premier, comme un parfum d'homme bien né et de bonne *éducation*, *qui* sentait l'ange déchu ; une certaine souplesse d'allures, un reste de courtoisie annonçaient le gentilhomme; quelque chose de fin et d'obscur caractérisait son visage. Thevenin le pauvre diable était en veine ; il avait fait un bon coup dans la journée, au faubourg Saint-Jacques, et toute la nuit il avait gagné Montigny.

Un sourire plat illuminait sa figure ; sa tête chauve luisait, teintée de rose, couronnée d'une guirlande de boucles rouges; son petit ventre proéminent tressaillait à petits coups silencieux pendant qu'il ramassait son gain.

« Quitte ou double ? » dit Thevenin.

Montigny consentit de la tête, d'un air farouche.

D'aucuns peuvent préférer dîner grandement, écrivit Villon, *avec du pain et du fromage sur des plats d'argent.*

Ou....., ou....., « aide-moi donc, Guy »! Tabary ricana.

Ou persil sur un plat d'or, griffonna le poète.

Le vent devenait plus frais au dehors; il chassait la neige devant lui et de temps en temps élevait la voix dans un sifflement victorieux, qui faisait entendre des gémissements sépulcraux dans la cheminée. Villon, avançant les lèvres, imita ce son lugubre. Ces petits talents du poète étaient cordialement détestés par le moine.

« L'entendez-vous mugir dans le gibet, » dit Villon. Ils sont tous là-haut en train de danser la danse infernale, sans plancher. Allez, dansez mes enfants, vous n'en aurez pas plus chaud. Ouf! quelle rafale! En voilà un qui vient de tomber! Une nèfle de moins sur le nèflier! Dites donc, Nicolas, il fera froid ce soir sur la route de Saint-Denis? »

Dom Nicolas cligna ses deux grands yeux et sembla vouloir avaler sa pomme d'Adam. Montfaucon, la grande et hideuse potence de Paris, était tout près de la route de Saint-Denis, et la plaisanterie touchait une plaie à vif. Quant à Tabary, l'idée des nèfles le fit rire immodérément; il n'avait jamais rien entendu dit de cœur plus léger; il se tint les côtes et se mit à croasser. Villon lui envoya une chiquenaude sur le nez qui changea sa joie en une attaque de toux.

« Oh ! finis tout ce bruit, » dit Villon, « et cherche des rimes pour poisson. »

« Quitte ou double, » dit Montigny avec aigreur.

« De tout mon cœur, » répondit Thevenin.

« Y a-t-il encore quelque chose dans la bouteille ? » demanda le moine.

« Débouches-en une autre, » dit Villon. « Comment espères-tu jamais emplir ton grand tonneau de corps avec des choses si petites que des bouteilles ? Et comment peux-tu espérer aller au ciel ? T'es-tu jamais demandé de combien d'anges on pouvait disposer pour y monter un simple moine de Picardie ? Te crois-tu un autre Élie et qu'on t'enverra un chariot ? »

« Hominibus impossibile, » répliqua le moine en emplissant son verre.

Tabary était en extase.

Villon lui envoya une autre chiquenaude.

« Ris de mes blagues si tu veux, » dit-il.

« Mais c'est très bien ce qu'il vient de dire, » objecta Tabary.

Villon lui fit une grimace.

« Cherche des rimes pour poisson, » dit-il. « Qu'as-tu à faire de latin ? Tu serais bien content de n'en pas savoir quand, au grand jugement, le diable appellera Guido Tabary, clericus, le diable avec sa bosse et ses ongles rougis au feu. A propos de diable », ajouta-t-il à voix basse, « regardez Montigny. »

Tous les trois examinèrent le joueur en dessous. Sa mauvaise chance n'avait pas l'air de lui sourire. Sa bouche était toute de côté, une de ses narines était presque fermée et l'autre tout enflée. Le chien noir était sur son dos, comme dit la nourrice dans sa métaphore terrifiante, et il respirait péniblement sous son fardeau sinistre.

« Il a l'air de vouloir lui envoyer un coup de couteau, » murmura Tabary.

Le moine tressaillit, se retourna, et étendit ses mains ouvertes vers les charbons rouges. C'était le froid qui affectait ainsi Dom Nicolas, et non pas un excès de sensibilité morale.

« Voyons », dit Villon, « et cette ballade ? Où en sommes-nous ? » Et battant la mesure de la main, il la lut tout haut à Tabary.

Ils furent interrompus à la quatrième rime par un mouvement vif et fatal des joueurs. La partie était finie et Thevenin ouvrait la bouche pour proclamer une autre victoire, quand Montigny sauta debout, souple comme une vipère et le frappa d'un coup de couteau au cœur. Il fut tué instantanément sans avoir le temps de pousser un cri. Un tremblement ou deux lui convulsèrent le corps, ses mains s'ouvrirent et se fermèrent, ses talons résonnèrent sur le plancher, ensuite sa tête retomba en arrière sur son épaule, les yeux grands ouverts et l'esprit de Thevenin Pensete retourna à son Créateur.

Les quatre hommes se regardaient avec effroi ; le mort, d'un coin de l'œil, fixait un point du plafond avec une expression singulière et horrible. Toute l'affaire s'était passée en un instant !

« Grand Dieu ! » dit Tabary, et il se mit à réciter des prières en latin.

Villon tout à coup éclata d'un rire hystérique. Il s'avança, fit à Thévenin un salut ridicule et se mit à rire plus fort. Alors il tomba comme une masse sur un tabouret, et continua de rire amèrement, le corps secoué comme s'il allait éclater.

Montigny retrouva du calme le premier.

« Voyons ce qu'il a sur lui, » remarqua-t-il, et il se mit à fouiller les poches du mort d'une main habile au métier ; il partagea l'argent en quatre parts égales et les posa sur la table. «Voilà pour vous, » dit-il.

Le moine reçut ce qui lui revenait avec un profond soupir, et jeta un regard furtif sur Thevenin, qui commençait à s'affaisser et pencher de côté sur la chaise.

« Nous voilà tous dedans, » cria Villon, réprimant son accès de gaieté. « C'est la corde pour nous tous ici présents, et même pour ceux qui n'y sont pas. Il éleva la main avec un geste de répugnance, tira la langue et pencha la tête de côté, pour imiter l'apparence d'un pendu ; puis il empocha sa part du butin et se mit à battre des pieds en dansant comme pour activer la circulation de son sang. Tabary fut le dernier à prendre sa part ; il sauta sur l'argent et se retira à l'autre bout de la salle. Montigny fixa Thevenin droit sur la chaise et retira sa dague, qui fut suivie d'un jet de sang.

« Vous ferez bien de quitter la place, mes camarades, » dit-il en essuyant la lame sur le pourpoint de sa victime.

« C'est ce qu'il me semble, » répondit Villon avec un étouffement. « Le diable emporte sa tête de truie, » s'écria-t-il ensuite avec rage. « Elle me tient à la gorge comme une pituite. De quel droit un homme a-t-il des cheveux rouges quand il est mort ? » Et il retomba lourdement sur le tabouret, se couvrant la figure de ses mains.

Montigny et Dom Nicolas rirent très fort ; même Tabary, faiblement, se joignit à eux.

« Pleure, bébé, » dit le moine.

« J'ai toujours dit que c'était une femme, » ajouta Montigny avec un geste de mépris. « Tiens-toi droit, veux-tu ? » continua-t-il en secouant le cadavre. « Éteins le feu, Nicolas ! »

Mais Nicolas employait mieux son temps. Il était tranquillement en train d'enlever sa bourse à Villon, qui l'avait mise dans sa poche, pendant qu'agité et tremblant ce dernier était assis sur le tabouret où deux minutes auparavant il écrivait sa ballade. Tout en plaçant le petit sac en dedans de sa robe, sur sa poitrine, le moine, d'un clignement d'yeux promit de partager avec Montigny et Tabary, qui lui en avaient fait la demande d'un geste silencieux. On ne peut nier qu'en beaucoup d'occasions un tempérament artistique rend un homme peu propre à l'existence pratique.

Bientôt cependant Villon se secoua, sauta debout et se mit en devoir comme les autres d'éparpiller et d'éteindre le feu. Avec beaucoup de précautions Montigny ouvrit la porte et attentivement examina la rue. Le chemin était libre, il n'y avait aucune patrouille indiscrète en vue. Toutefois on jugea plus sage de ne pas partir ensemble : Villon lui-même ayant hâte de partir, et les autres ne demandant pas mieux que d'être débarrassés de lui avant qu'il eut découvert le vol de son argent, il fut le premier qui sortit. Le vent triomphant avait emporté tous les nuages du ciel. Quelques vapeurs minces fuyaient rapidement à travers les étoiles. Il faisait un froid glacial et, par un effet d'optique assez commun, les objets apparaissaient plus définis, même qu'au grand jour. La ville endormie était complètement silencieuse. Des rangées de capuchons blancs, un champ rempli de petits monticules sous les étoiles scintillantes.

Villon maudit son sort. Pourquoi ne neigeait-il plus? Maintenant, n'importe où il irait, il laisserait une trace ineffaçable derrière lui, dans les rues étincelantes; n'importe où il irait, il serait toujours lié à la maison du cimetière Saint-Jean ; n'importe où il irait, de ses propres pieds il tisserait la corde qui l'attacherait au crime et le conduirait au gibet. Le coin de l'œil ouvert du mort lui revint à la mémoire avec une nouvelle signification. Il fit claquer ses doigts comme pour ramasser ses esprits, et, prenant une rue au hasard, il s'avança courageusement dans la neige.

Tout en marchant, deux choses le préoccupaient : d'abord l'aspect du gibet de Montfaucon pendant cette nuit claire et pleine de vent, et ensuite le regard du mort, avec sa tête chauve et sa guirlande de cheveux rouges frisés; toutes les deux lui faisaient froid au cœur et il marchait de plus en plus vite, comme si l'agilité de ses pieds pouvait l'emporter loin de ses lugubres pensées. Quelquefois il se retournait, regardant par-dessus son épaule par saccades nerveuses, mais il était le seul être vivant dans les rues blanches, et le seul mouvement perceptible était celui de la neige soulevée en poussière brillante par les rafales.

Il distingua tout à coup devant lui une masse noire et deux lanternes. La masse était en marche si l'on en pouvait juger par les lanternes qui se balançaient comme portées par des hommes. C'était une patrouille. Quoiqu'elle ne fît que traverser sa route, il jugea prudent de se mettre hors de vue aussi vite qu'il le put. Il n'était pas d'humeur à être questionné, et il laissait des traces très visibles dans la neige. Directement à sa droite il y avait un grand hôtel avec des tonnelles et un grand porche devant la porte; il se rappela que cet hôtel était inhabité et à moitié en ruines, en trois enjambées il fut près du porche et sauta sous son abri. Au sortir de la lumière reflétée par la neige des rues, il y faisait très noir, et, les mains étendues, il essayait de pénétrer plus avant, quand il se heurta à un objet offrant un mélange inexplicable de résistance, dur et mou, ferme et branlant. Le cœur lui sauta; il fit un saut en arrière et fixa un regard effrayé sur l'obstacle. Il fit alors entendre un petit rire de soulagement. Ce n'était qu'une femme et une femme morte. Il s'agenouilla à son côté pour s'assurer de ce dernier point. Elle était glacée et rigide comme un bâton. Un petit chiffon de parure flottait au vent dans ses cheveux et elle avait une épaisse couche de fard sur les joues, appliquée sans aucun doute cette même après-midi. Ses poches étaient entièrement vides, mais dans son bas, sous la jarretière, Villon trouva deux petites pièces de monnaie appelées des blancs. C'était bien peu, mais c'était toujours quelque chose, et le poète fut remué d'un profond sentiment de pitié en pensant qu'elle était morte sans pouvoir dépenser son argent. Cela lui semblait être un mystère triste et impénétrable. Il jeta les yeux sur l'argent et ensuite sur la femme, les reportant sur l'argent, il secoua la tête à l'énigme de la vie humaine. Henri V d'Angleterre mourant à Vincennes tout de suite après sa conquête de la France, et cette pauvre coquine allant mourir de froid sous une porte avant d'avoir pu dépenser ses deux blancs, lui semblaient une manière cruelle de faire marcher le monde. Deux blancs à dissiper ne lui auraient pourtant pris que peu de temps, et c'eût été pour sa bouche une douce saveur de plus, encore un doux claquement des lèvres, avant que le diable prît son âme et que son corps fût livré à la vermine et aux oiseaux de proie. Il aimerait, pour lui, user tout le suif avant que la lumière s'éteigne et que la lanterne se brise.

Pendant que ces pensées lui traversaient l'esprit, machinalement il cherchait sa bourse. Son cœur tout à coup cessa de battre, une sensation de froid lui passa sur les mollets et un coup glacial sembla le frapper sur la tête. Pendant un instant, il resta pétrifié, puis il se tâta de nouveau d'un mouvement fiévreux, et alors il comprit sa perte; de suite il fut couvert de sueur. Aux dépensiers, l'argent est si vivant, si palpable; il n'est qu'un voile si fin entre eux et leurs plaisirs ! Leur fortune n'a qu'une limite, celle du temps; et le prodigue, avec quelques louis, est l'empereur de Rome jusqu'à ce qu'ils soient dé-

pensés. Pour un homme de cette sorte, la
perte de son argent est le plus cruel des revers,
c'est tomber du ciel à l'enfer, de tout à
rien, dans l'espace d'un souffle. Il n'en
souffre que davantage s'il a exposé sa tête
pour se le procurer, s'il court le risque d'être
pendu le lendemain pour cette même bourse
gagnée si chèrement, partie si stupidement.
Villon laissa échapper tous les jurons de son
vocabulaire ; il jeta avec fureur les deux
blancs dans la rue, il montra le poing au
ciel, il frappa du pied, et ne ressentit aucune
horreur quand il se surprit piétinant sur le
pauvre cadavre. Alors il remonta rapidement
le chemin qui menait à la petite maison
du cimetière. Il avait oublié toutes ses craintes
de la patrouille, qui d'ailleurs était passée
depuis longtemps, et il ne pensait qu'à sa
bourse perdue. Il regarda en vain à droite
et à gauche sur la neige, il ne vit rien. Il ne

l'avait pas perdue dans la rue. Serait-elle
tombée dans la maison? Il aurait bien voulu
y rentrer et voir, mais la pensée de son sinistre habitant lui ôta tout courage. Et de plus,
en s'approchant, il vit que leurs efforts pour
éteindre le feu avaient été nuls, qu'il avait
repris au contraire avec une nouvelle
vigueur, et la lumière, sortant par les cre-
vasses de la porte et des fenêtres, renouvela
sa terreur des autorités et de la potence
parisienne. Il revint vers l'hôtel et se traîna
sur la neige pour retrouver l'argent qu'il y
avait jeté dans sa fureur enfantine. Mais il ne
retrouva qu'un blanc; l'autre, sans aucun
doute, était tombé sur le côté et s'était enfoncé
profondément dans la neige. Avec un seul
blanc dans sa poche tous ces projets pour
une nuit de débauche dans quelque taverne
s'évanouirent. Non seulement le plaisir s'é-
chappait en riant de son étreinte, mais un

certain malaise l'envahit. La transpiration s'était séchée sur lui et quoique le vent fût tombé, le froid devenait de plus en plus vif; il se sentit paralysé et le cœur lui manqua. Que devait-il faire ? Malgré l'heure avancée et la réussite improbable, il se décida à essayer la maison de son père d'adoption, le chapelain de Saint-Benoît.

Il courut tout le long du chemin et frappa timidement.

On ne répondit pas. Il frappa encore et encore, reprenant du cœur à chaque coup, et enfin il entendit des pas s'approcher de l'intérieur. Un guichet s'ouvrit sur la porte clouée de fer et laissa passer un jet de lumière jaune.

« Approchez la figure du guichet, » dit le chapelain, de l'intérieur.

« C'est seulement moi, » pleurnicha Villon.

« Ah ! c'est... c'est seulement vous ? » répliqua le chapelain. Il l'accabla alors d'une foule de jurons indignes d'un prêtre, pour l'avoir dérangé à une telle heure, et l'engagea à retourner au diable, d'où il venait.

« J'ai les mains bleues jusqu'aux poignets, mes pieds sont morts et me font mal ; l'air piquant me cause des douleurs au nez ; j'ai froid au cœur. Je serai peut-être mort avant le matin. Seulement pour cette fois, mon père et, devant Dieu, je ne vous redemanderai plus jamais ! »

« Vous auriez dû venir de meilleure heure, » dit froidement l'ecclésiastique. « Les jeunes gens ont besoin d'une leçon de temps en temps. » Il ferma le guichet et sans hésitation rentra dans l'intérieur de la maison. Villon ne se possédait plus ; il frappa des pieds et des mains sur la porte, et à grands cris appela le chapelain.

« Vieux renard véreux ! » s'écria-t-il enfin. « Si je pouvais t'attraper, je t'enverrais la tête la première dans l'abîme sans fond. »

Le bruit faible d'une porte se fermant dans la maison, au bout de longs corridors, arriva jusqu'au poète. Il s'essuya la bouche avec le revers de la main tout en jurant. Et alors le côté ridicule de la situation le frappa; il rit et leva les yeux au ciel où les étoiles semblaient tremblotter au malheureux résultat de son entreprise.

Qu'allait-il faire ? Cela avait tout l'air d'une nuit à passer dans les rues glacées. La pensée de la femme morte le frappa tout à coup, et lui fit une belle peur ; ce qui lui était arrivé à elle au commencement de la nuit pourrait bien lui arriver à lui avant la fin. Lui si jeune ! avec tant de chances de plaisirs et de débauches devant lui ! Il se sentit plus touché à la pensée de ce que pourrait être son sort que si c'eût été le sort d'un autre, et il se traça en imagination la scène qui s'ensuivrait le matin quand on trouverait son corps.

Il passa en revue toutes ses chances, tournant et retournant son blanc entre le pouce et l'index. Malheureusement, il était en de mauvais termes avec de vieux amis qui auraient pu avoir pitié de lui dans une telle calamité. Il avait écrit des satires contre eux en vers, il les avait battus et dupés, et pourtant, en se sentant serré de si près, il pensait qu'il y en avait un au moins parmi eux qui peut-être s'attendrirait. C'était une chance à courir, mais elle valait la peine d'essayer, et il irait voir.

En chemin il lui arriva deux petits incidents qui apportèrent une autre couleur à sa rêverie. D'abord, il tomba sur les pas d'une patrouille qu'il suivit pendant quelques centaines de mètres, quoiqu'elle allât dans une direction opposée à sa route. Cela le rassura un peu, il avait au moins confondu sa trace, car il était encore sous l'empire de l'idée d'être traqué à travers tout Paris dans la neige et appréhendé au collet le lendemain matin avant d'être éveillé. Il fut ensuite frappé bien différemment. Il passa un coin de rue, où pas très longtemps auparavant une femme et son enfant avaient été dévorés par des loups. Il réfléchit que le temps était des plus propices pour le renouvellement d'une telle aventure, et dans ces rues désertes un homme n'en serait sûrement pas quitte pour la peur. Il s'arrêta et regarda autour de lui avec un intérêt des plus désagréables. C'était un centre où plusieurs ruelles s'entre-croisaient ; il les scruta toutes d'un bout à l'autre, retenant son haleine, se demandant s'il ne voyait pas quelque objet noir, galopant sur la neige, ou s'il n'entendait pas des rugissements entre lui et la rivière. Il se rappela sa mère lui racontant cette histoire, quand il était encore enfant. Sa mère ! Si seulement il savait où elle demeurait, il serait sûr au moins d'un abri. Il résolut de s'informer le lendemain ; puis il irait la voir, la pauvre vieille ! Tout en faisant ces raisonnements il arriva à destination, son dernier espoir pour la nuit.

Comme toutes les autres, la maison était dans une obscurité complète ; cependant, après quelques coups frappés, il entendit du bruit sur sa tête, le bruit d'un volet, et une voix méfiante demanda qui était là. Le poète se nomma, sur un ton bas, mais intelligible, et attendit non sans un certain effroi le résultat. Il ne se fit pas attendre. Une fenêtre s'ouvrit tout à coup et un baquet plein d'eau sale s'éclaboussa sur le seuil de la porte. Villon s'était un peu préparé à quelque chose de semblable et il s'était mis hors de portée autant que la structure du porche le lui avait permis, mais malgré tout il fut déplorablement trempé jusqu'à la ceinture. Son haut-de-chausse fut gelé presque instantanément. Il se vit déjà mort de froid ; il se souvint qu'il avait une tendance à la phtisie, et il se mit à tousser en manière d'essai. Mais la gravité du danger lui calma les nerfs. Il s'arrêta à quelque cent mètres de l'endroit où il avait été si maltraité et il réfléchit le doigt au nez. Il ne voyait qu'un moyen d'avoir un refuge pour la nuit; c'était de le prendre. Il avait remarqué une maison non loin de là, dans laquelle il paraissait assez aisé de s'introduire, il se dirigea de ce côté promptement, s'amusant en route à s'imaginer une chambre encore chaude, avec une table encore chargée des restants du souper ; il y passerait le restant de la nuit et il en sortirait le lendemain, les bras pleins d'argenterie de valeur.

Il considérait même les mets et les vins qu'il préfèrerait, et tout en se rappelant ses plats favoris, le poisson rôti se présenta à son esprit, dans un mélange étrange d'amusement et d'horreur.

«Je ne finirai jamais cette ballade,» pensa-t-il et tressaillant à ce souvenir. « Que le diable emporte sa tête de truie,» répéta-t-il avec ferveur, et il cracha sur la neige.

La maison en question lui parut toute noire à première vue, mais comme il faisait une inspection préliminaire en vue d'un bon point d'attaque, un filet mince de lumière frappa son œil venant d'une fenêtre garnie de rideaux.

« Diable ! pensa-t-il. Des gens éveillés. Quelque étudiant ou quelque saint; maudits soient-ils ! Ne pourraient-ils pas tout aussi bien se soûler, aller se coucher et ronfler comme leurs voisins ! A quoi servent le couvre-feu et les pauvres diables de sonneurs de cloches sautant au bout d'une corde dans les tours? A quoi sert le jour, si les gens veillent toute la nuit ? Que la peste les étouffe ! » Il ricana en s'apercevant où sa logique le conduisait. « Chacun à ses affaires après tout, » ajouta-t-il, « et s'ils sont éveillés, par Dieu, je puis peut-être honnêtement bien souper pour une fois et attraper le diable. »

Il alla courageusement à la porte et frappa avec assurance. Dans les deux premières occasions il avait frappé timidement, avec crainte d'attirer l'attention, mais pour le moment, après avoir rejeté la pensée d'une entrée par effraction, frapper à une porte lui semblait être un procédé des plus simples et des plus innocents. Le bruit de ses coups se répéta par toute la maison, et le son s'était à peine éteint qu'un pas mesuré s'approcha, une ou deux barres de fer furent ôtées et un côté de la porte fut grand'ouvert, montrant que les habitants de cette maison ne connaissaient pas la peur. Un homme de haute stature, musculeux, sec et un peu courbé dévisagea Villon. Sa tête était massive et cependant finement sculptée, le nez, plat au bout, avait une certain distinction vers le haut où il joignait une forte paire de sourcils respirant l'honnêteté, la bouche était entourée de rides délicates ; et l'ensemble du visage reposait sur une épaisse barbe blanche d'une coupe carrée et hardie. La lumière vacillante de la lampe prêtait peut-être à cette tête plus de noblesse qu'elle n'en avait réellement ; néanmoins c'était une belle tête, respectable plutôt qu'intelligente, forte, simple et loyale.

« Vous frappez tard, Monsieur, » dit le vieillard d'un ton courtois.

Villon se fit petit, et murmura quelques

mots serviles d'excuse ; dans une crise de cette sorte, le mendiant prenait le dessus chez lui et l'homme de génie se cachait la tête avec confusion.

« Vous avez froid et faim ? » répéta le vieillard. « Eh bien ! entrez, » et il l'invita à pénétrer dans la maison d'un geste noble.

« Quelque grand seigneur, » pensa Villon, pendant que le maître de la maison, après avoir posé la lampe à terre, remettait en place les barres de fer à la porte.

« Vous m'excuserez si je vais devant, » dit-il quand ce fut fait, et il précéda le poète dans l'escalier et dans une grande pièce chauffée par un réchaud rempli de charbon et éclairée par une grande lampe suspendue au plafond. Il y avait peu de meubles, seulement quelque vaisselle d'or sur un buffet, quelques volumes in-folio et une armure placée entre les deux fenêtres. De belles tapisseries étaient pendues aux murs, une représentant le crucifiement de Notre-Seigneur, une autre une scène de berger et de bergères près d'un petit ruisseau. Sur la cheminée une panoplie d'armes.

« Prenez la peine de vous asseoir, » dit le vieillard et excusez-moi si je vous quitte. Je suis seul à la maison ce soir et si vous désirez manger, il faut que j'aille vous chercher quelque chose moi-même. »

Il ne fut pas plus tôt parti que Villon sauta de la chaise sur laquelle il venait de s'asseoir et se mit à examiner tout ce qu'il avait autour de lui avec la prudence et la convoitise d'un chat. Il pesa les flacons d'or dans sa main, ouvrit les livres, compta les armes sur la panoplie et essaya de découvrir avec quoi les sièges étaient rembourrés. Il souleva les rideaux et vit que les fenêtres étaient garnies de riches vitraux composés de figures

d'aspect martial, autant qu'il en put juger.
Il revint alors au milieu de la chambre,
respira fortement et, tournant à plusieurs
reprises sur ses talons, examina bien le tout,
comme s'il eût voulu retenir dans sa mémoire
chaque détail de l'appartement.

« Sept pièces de vaisselle, » dit-il. « S'il
y en avait eu dix je l'aurais risqué. Une belle
maison et un maître à l'avenant ! que les
saints me viennent en aide !

A ce moment, il entendit les pas du vieillard revenant le long du corridor. En un bond
il fut sur sa chaise et humblement se mit à
se chauffer les jambes près du réchaud.

Le maître de la maison avait un plat de
viande dans une main et un broc de vin dans
l'autre. Il posa le plat sur la table, faisant
signe à Villon d'approcher sa chaise, et, allant
au buffet, il en rapporta deux verres qu'il
emplit.

« Je bois à votre meilleure chance, » dit-il gravement, touchant le verre de Villon avec le sien.

« A une plus ample connaissance, » dit le poète s'enhardissant.

Un simple homme du peuple eût été embarrassé par la courtoisie du vieux seigneur, mais Villon était vieux à ce jeu, il avait plus d'une fois amusé des grands seigneurs et il les trouvait d'aussi grands fripons que lui. Donc il se donna tout entier aux aliments posés devant lui, les dévorant avec voracité, pendant que le vieillard, renversé sur sa chaise, le regardait incessamment d'un œil curieux.

« Vous avez du sang sur votre épaule, mon garçon, » dit-il.

Montigny devait avoir posé sa main droite sur lui quand il était sorti de la maison. Dans son cœur il maudit Montigny.

« Ce n'est pas moi qui l'ai versé, » bégaya-t-il.

« Je ne le pensais pas, » répondit le maître de la maison paisiblement. « Une querelle? »

« Oui, quelque chose comme cela, » admit Villon avec un tremblement de voix.

« Un meurtre, peut-être? »

« Oh! non pas un meurtre, » dit le poète de plus en plus confus. « Le combat était loyal; tué par accident. Que Dieu me frappe de mort si j'y ai pris part! » ajouta-t-il avec ferveur.

« Un fripon de moins, il est probable, » observa le maître de la maison.

« Là, vous avez raison, » dit Villon infiniment soulagé. « Le plus grand fripon qu'il y ait d'ici à Jérusalem. Il est mort assez doucement. Mais ce n'était pas une belle chose à voir. Sans aucun doute vous avez vu des morts dans votre temps, monseigneur, » ajouta-t-il, jetant un regard sur l'armure.

« Un grand nombre, » dit le vieillard. « J'ai suivi les guerres, comme vous le voyez. »

Villon posa sa fourchette et son couteau.

« Y en avait-il de chauves? » demanda-t-il.

« Certainement, et il y en avait avec des cheveux aussi blancs que les miens. »

« Il me semble que les cheveux blancs ne me feraient pas autant d'impression, » dit Villon. « Les siens étaient rouges. » Et il eut un retour de son tremblement et d'envie de rire, lequel il noya dans une grande gorgée de vin. « Cela m'émotionne un peu, quand j'y pense, » continua-t-il. « Je le connaissais... que le diable l'emporte! Et aussi le froid vous donne des idées... ou les idées vous donnent froid, je ne sais plus lequel. »

« Avez-vous de l'argent? » demanda le vieillard.

« J'ai un blanc, » répondit en riant le poète. Je l'ai pris dans le bas d'une coquine morte sous un porche. Elle était raide morte, pauvre fille, et froide comme un marbre ; elle avait des petits bouts de ruban dans les cheveux. Ce monde est bien dur en hiver pour les loups, les filles et de malheureux fripons comme moi. »

« Moi, » dit le vieillard, « je suis Enguerrand de la Feuillée, seigneur de Brisetout, bailli du Patatrac. Qui et que pouvez-vous être ? »

Villon se leva et fit une révérence appropriée à la circonstance. « On m'appelle, » dit-il, « François Villon, je suis un pauvre maître-es-arts de cette Université. Je sais un peu de latin et connais beaucoup de vices. Je puis faire des chansons, des ballades, des lais, virelais et rondeaux. J'aime le bon vin. Je suis né dans un grenier et très probablement je mourrai sur le gibet. Je puis ajouter qu'à partir de ce soir je suis le plus humble des serviteurs de Votre Seigneurie. »

« Non pas mon serviteur », dit le chevalier, « mon hôte pour ce soir, pas davantage. »

« Un hôte très reconnaissant, » dit Villon poliment, et d'un geste silencieux il but à la santé du maître de la maison.

« Vous êtes fin, » commença le vieillard en se tapant le front, « très fin ; vous avez du savoir, vous êtes un clerc, et cependant vous prenez une petite pièce d'argent à une femme morte dans la rue. N'est-ce pas une espèce de vol ? »

« C'est une espèce de vol qui se pratique beaucoup dans les guerres, monseigneur. »

« Les guerres sont le champ d'honneur, » reprit le vieillard avec orgueil. « L'homme joue sa vie sur un coup de dés ; il combat au nom de son seigneur Dieu et toutes les seigneuries des saints et des anges. »

« Mettons, » dit Villon, « que vraiment j'aie été un voleur : ne jouais-je pas ma vie aussi, et contre un nombre de points beaucoup plus grand ? »

« Pour du gain, mais pas pour l'honneur. »

— « Du gain ? » répéta Villon avec un haussement d'épaules. « Du gain ! Un malheureux diable a besoin de souper et il le prend. De même fait le soldat en campagne. Voyons, que veulent dire toutes ces réquisitions dont nous entendons parler ? Si ce n'est pas du gain pour ceux qui les font, les pertes se font toujours sentir pour les autres. Les hommes d'armes boivent près d'un bon feu pendant que le bourgeois se ronge les ongles pour leur acheter du vin et du bois. J'ai vu pas mal de laboureurs se balancer aux arbres dans la campagne; oui, j'en ai vu trente sur un seul orme, et quand j'ai demandé ce qu'ils avaient fait, on m'a répondu que c'était parce qu'ils n'avaient pas pu amasser tous ensemble assez de pistoles pour satisfaire les hommes d'armes. »

« Ce sont les nécessités de la guerre, que les gens de basse naissance doivent endurer avec résignation. Il est vrai qu'il y a des capitaines qui vont trop loin; il y a des esprits dans toutes les classes qui ne se laissent pas aisément émouvoir par la pitié, et il est vrai qu'il y en a beaucoup parmi ceux qui suivent la profession des armes, qui ne valent pas mieux que des brigands. »

« Vous voyez, » dit le poète, vous ne pouvez séparer le soldat du brigand, et qu'est-ce qu'un voleur si ce n'est un brigand isolé avec des manières circonspectes? Je vole deux côtelettes de mouton, sans même déranger le sommeil des gens; le fermier grogne un peu, mais il n'en soupe pas avec moins d'appétit du restant. Vous venez, soufflant glorieusement de la trompette ; vous prenez le mouton entier et battez le fermier sans miséricorde par-dessus le marché. Je n'ai pas de trompette. Je suis simplement Pierre, Jean ou Paul; alors je suis un fripon, un chien, et la corde est encore trop bonne pour me pendre ; — de tout mon cœur, mais demandez au fermier lequel de nous deux il préfère et lequel il maudit, la nuit, quand le froid le tient éveillé.

« Regardez-nous, nous deux, » dit Sa Seigneurie. « Je suis vieux, puissant et honoré. Si demain j'étais sans maison, des centaines de gens seraient fiers de m'abriter. Les pauvres iraient passer la nuit dans la rue avec leurs enfants, si seulement je faisais entendre que je désirais être seul. Et vous je vous trouve errant, sans domicile et volant des blancs à une femme morte sur les grands chemins ! Je n'ai peur ni de l'homme ni de rien; je vous ai vu trembler et perdre contenance à un mot. J'attends content dans ma maison les ordres de Dieu ou un appel du roi m'envoyant encore sur le champ de bataille. Vous, vous attendez la potence, une mort rude et rapide, sans espoir ou honneur. N'y a-t-il aucune différence entre nous deux ? »

« Comme entre le jour et la nuit, j'en conviens, » dit Villon. « Mais si j'étais né seigneur de Brisetout, et que vous ayez été le pauvre écolier François, la différence eût-elle été moindre? N'aurais-je pas été en train de me chauffer les genoux près de ce réchaud, pendant que vous vous seriez traîné dans la neige pour ramasser des blancs? N'aurais-je pas été le soldat et vous le voleur ? »

« Un voleur? » cria le vieillard. « Moi, un voleur! Si vous compreniez vos paroles, vous vous repentiriez de les avoir dites. »

Villon, de la main, fit un geste d'une impudence inimitable. « Si Votre Seigneurie m'avait fait l'honneur de suivre mon argument! » dit-il.

« Je vous fais trop d'honneur en me soumettant à votre présence, » dit le chevalier. « Apprenez à retenir votre langue quand vous parlez à des hommes vieux et honorables, ou quelqu'un plus vif que moi pourrait vous réprimander d'une façon qui vous toucherait de plus près. » Il se leva alors et se mit à aller à l'autre bout de la chambre, combattant sa colère et son antipathie.

Villon, à la dérobée, remplit son verre, s'assit plus à son aise, croisant les jambes et appuyant sa tête dans une main et le coude sur le dos de la chaise. Il était rempli et il avait chaud. La nuit, après tout, s'était très bien passée, et il était moralement sûr qu'il ne serait aucunement molesté dans son départ le lendemain.

« Dites-moi une chose, » dit le vieillard, s'arrêtant dans sa marche. « Êtes-vous vraiment un voleur ? »

« J'ai réclamé les droits sacrés de l'hospitalité », répond le poète. « Monseigneur, je suis un voleur. »

« Vous êtes bien jeune, » continua le chevalier.

« Je ne serais jamais devenu si vieux, » répliqua Villon, « si je ne m'étais servi de ces dix talents ; » montrant ses doigts. « Ils m'ont donné à manger et à boire. »

« Vous pouvez encore vous repentir et changer. »

« Je me repens tous les jours, » dit le poète. « Il y a peu de gens autant adonnés au repentir que le pauvre François. Quant à changer, que quelqu'un d'abord change ma condition. Un homme est obligé de continuer de manger, quand ce ne serait que pour lui permettre de continuer à se repentir. »

« Le changement doit commencer dans le cœur, » dit le vieillard solennellement.

« Mon cher Seigneur, » répondit Villon, « vous imaginez-vous que vraiment je vole par plaisir ? Je hais de voler autant que je hais tout autre travail et danger. Mes dents claquent quand j'aperçois un gibet. Mais il me faut manger et boire, il faut me mêler à quelque espèce de société. Que diable ! Un homme n'est pas un animal solitaire.

« Cui Deus feminam tradit. Faites-moi le panetier du roi, faites-moi abbé de Saint-Denis, faites-moi bailli du Patatrac, sûrement alors je changerai. Mais tant que vous me laisserez le pauvre écolier François Villon, sans un blanc, dame ! naturellement je resterai le même. »

« La grâce de Dieu est toute puissante. »

« Je serais un hérétique, si je le mettais en question, » dit François. « Il vous a fait seigneur de Brisetout, bailli du Patatrac, il ne m'a donné rien que mon esprit vif sous mon chapeau et ces dix doigts sur les mains. Puis-je me verser du vin ? Je vous remercie respectueusement. Par la grâce de Dieu, vous avez un vignoble très supérieur. »

Le seigneur de Brisetout reprit sa marche, les mains derrière le dos. Peut-être son esprit n'était-il pas encore très édifié sur le parallèle existant entre un soldat et un voleur; peut-être Villon lui avait-il inspiré quelque sympathie; peut-être ses idées étaient-elles confondues dans sa tête par ce raisonnement si peu familier. Mais quelle que fût la cause, il désirait ardemment convertir le jeune homme à de meilleurs sentiments et il ne pouvait se décider à le renvoyer dans la rue.

« Il y a dans tout ceci quelque chose de plus que je ne puis comprendre, » dit-il enfin. «Vous avez la bouche pleine de subtilités et le diable vous a mené loin sur le mauvais chemin, mais le diable est un esprit très faible devant la vérité de Dieu, et toutes ses subtilités s'évanouissent à un mot de véritable honneur, comme la nuit fait place au jour. Ecoutez-moi une fois de plus. J'ai apris il y a longtemps qu'un gentilhomme doit vivre chevaleresquement pour son Dieu et l'aimer, de même pour le roi et sa dame, et, quoique j'aie vu des choses bien étranges, j'ai toujours fait en sorte de régler ma vie sur ce précepte. Ce n'est pas écrit seulement dans toutes les nobles histoires, mais dans le cœur de tout homme, s'il veut se donner la peine de le lire. Vous parlez d'aliments et de vin : je sais très bien que la faim est une grande souffrance à endurer, mais vous ne parlez pas d'autres nécessités : vous ne dites rien de l'honneur, de la foi à Dieu et aux autres hommes, de courtoisie, d'amour sans reproche. Peut-être ne suis-je pas très éclairé, — et cependant je crois que je le suis, — vous me paraissez être une homme qui a perdu son chemin et fait une grande erreur dans sa vie. Vous pensez à vos petits besoins et vous avez complètement oublié les grands, les vrais, les seuls ; vous êtes comme un homme qui voudrait se guérir du mal de dents le jour du jugement dernier. Car de telles choses, comme l'honneur, l'amour et la foi, ne sont pas seulement plus nobles que le boire et le manger ; mais il me semble que vraiment nous les désirons davantage et souffrons plus intolérablement de leur absence.

« Je vous parle comme je crois que vous me comprendrez le mieux. N'oubliez-vous pas, quand vous avez le soin de vous remplir le ventre, un autre appétit de votre cœur qui gâte tout le plaisir de votre vie et vous tient continuellement malheureux ? »

Villon se sentit visiblement blessé par tout ce sermon. « Vous croyez que je n'ai aucun sens de l'honneur, » s'écria-t-il. « Je suis assez pauvre, Dieu le sait ! C'est dur de voir les gens riches avec des gants et de se souffler dans les doigts. Un ventre vide est une chose bien amère, malgré que vous en parliez si légèrement. Si vous l'aviez eu autant de fois que moi, vous changeriez de ton. Dans tous les cas je suis un voleur, faites-en ce que vous voudrez ; mais je ne suis pas un réprouvé de l'enfer, ou que Dieu me frappe de mort ! Je

15.

veux vous faire savoir que j'ai mon honneur à moi aussi bon que le vôtre, quoique je n'en fasse pas parade tout le long du jour, comme si c'était un miracle de Dieu d'en avoir. Cela me semble tout naturel à moi et je le tiens renfermé jusqu'au moment du besoin. Enfin, voyons, regardez, combien de temps ai-je été avec vous ici dans cette pièce? Ne m'avez vous pas dit que vous étiez seul dans cette maison? Regardez votre vaisselle d'or. Vous êtes fort, si vous voulez, mais vous êtes vieux, désarmé, et j'ai mon couteau. Qu'avais-je à faire, rien qu'un petit mouvement de l'épaule, et vous étiez là, avec l'acier froid dans le corps, et moi marchant par les rues les bras pleins de coupes d'or. Croyez-vous que je n'avais pas assez d'esprit pour voir cela? Et j'ai dédaigné l'action. Les voilà, vos gobelets, sains et saufs, vous voilà, vous, votre cœur battant comme s'il était neuf, et me voilà, moi, prêt à sortir, aussi pauvre que je suis entré, avec mon blanc que vous m'avez jeté au visage. Et vous croyez que je n'ai aucun sens d'honneur! Que Dieu me pardonne! »

Le vieillard étendit le bras droit. « Je vais vous dire ce que vous êtes, » dit-il. « Vous êtes un fripon, mon garçon, un fripon fini et un vagabond. J'ai passé une heure avec vous. Eh bien ! croyez-moi, je me sens taché ! Et vous avez bu et mangé à ma table. Maintenant j'en ai assez de vous, le jour est venu, et l'oiseau de nuit doit retourner à son nid. Voulez-vous passer devant ou marcher derrière moi ? »

« Comme vous voudrez, » répliqua le poète en se levant. « Je vous crois strictement honorable. »

Pensivement il vida son verre. « J'aurais voulu pouvoir ajouter que vous étiez intelligent, » continua-t-il, se cognant la tête du poing. L'âge, l'âge, la cervelle se raidit et devient rhumatisante.

Le vieillard le précéda, par respect pour lui même. Villon suivit, sifflant, les pouces dans sa ceinture.

« Que Dieu ait pitié de vous! » dit le seigneur de Brisetout à la porte.

« Au revoir, papa, » répliqua Villon en bâillant. « Beaucoup de remerciements pour le gigot froid. »

La porte se referma derrière lui. Le point du jour se faisait sentir sur les toits blancs. Un froid vif et pénétrant accompagnait la venue de la lumière. Villon s'arrêta au milieu de la rue et se détira avec bonheur.

« Ce vieux Monsieur n'est pas des plus gais, » pensa-t-il. « Je me demande combien valaient ses gobelets. »

FIN

TABLE

Le cas du Docteur Jekyll.......................... 1
Un logement pour la nuit.......................... 205

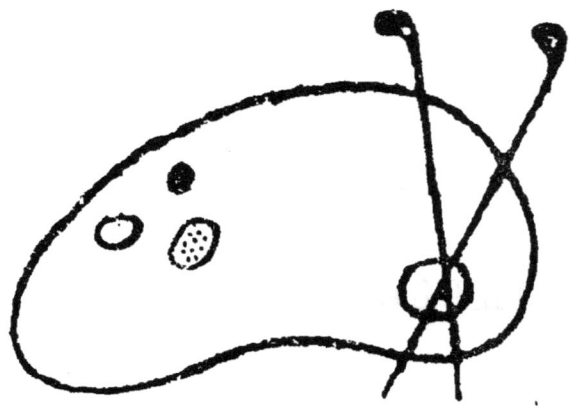

Début d'une série de documents
en couleur

En vente chez tous les Libraires

BULLETIN BIBLIOGRAPHIQUE
DE LA
LIBRAIRIE E. PLON, NOURRIT & Cie
10, rue Garancière, PARIS

MAI 1890

ROMANS

GRÉVILLE (H.). — Un Mystère. Un vol. in-18. Prix . . . 3 fr. 50

Un Mystère est le récit d'un drame étrange, d'une catastrophe inexplicable qui frappe en plein bonheur un nouveau marié. Après d'émouvantes péripéties, on finit par découvrir le mot de la sanglante énigme, et ce roman, commencé dans l'angoisse, finit dans l'espérance et le bonheur. C'est un des livres les plus curieux et les plus entraînants qu'ait écrits l'auteur de *Dosia*.

Dernières publications du même auteur :

L'Avenir d'Aline. Un vol. in-18. Prix . . . . . . 3 fr. 50
Louk Loukitch. Un vol. in-18. Prix . . . . 3 fr. 50
Chant de noces. Un vol. in-18. Prix . . . . . . 3 fr. 50

BOISGOBEY (F. du). — Le Fils du Plongeur. *Scènes de la vie sportive.* Un vol. in-18. . . . . 3 fr. 50

Romancier chéri du public, historien passionnant de la vie parisienne, de tous les dessous du *high-life*, M. F. du Boisgobey publie, sous ce titre : *Le Fils du Plongeur*, un dramatique récit où les tableaux de la vie du turf se mêlent aux incidents d'une intrigue amoureuse. L'auteur nous initie à tous les secrets des courses, aux mystères du haras et de l'écurie, et du Tattersall ou du pesage à la terrasse des Ambassadeurs, à toutes les folies de la vie de plaisir. C'est la suite du roman *Le Plongeur*, publié avec tant de succès l'an dernier. Ce nouveau livre excitera la même curiosité que son devancier.

Dernières publications du même auteur :

Le Plongeur. *Scènes de la vie sportive.* Un vol. in-18. 3 fr. 50
Double-Blanc. Deux vol. in-18. Prix . . . . 7 fr. »
Décapitée. Un vol. in-18. Prix . . . . 3 fr. 50
Marie Bas-de-Laine. Un vol. in-18. . . . . 3 fr. 50

JACQUES FREHEL. — Dorine. Un vol. in-18. . . . . . . 3 fr. 50

Ce livre possède un parfum exotique tout à fait original et charmant. On y trouvera aussi une analyse très fine de l'amour et une expression très vive de la passion dans son essence la plus pure et la plus profonde; des récits fort dramatiques, d'un intérêt captivant; le tout émaillé de tableaux extrêmement variés, qui font défiler sous nos yeux la campagne normande, puis les paysages du Soudan, du Tonkin, d'Algérie, etc. C'est, en somme, une œuvre fort séduisante et curieuse, faite pour contenter le goût d'émotions si à la mode aujourd'hui. Aussi peut-on lui prédire, sans crainte de se tromper, un succès marqué comme livre piquant et comme œuvre littéraire distinguée.

PERRET (Paul). — Les Derniers Rêveurs. Un vol. in-18. 3 fr. 50

Ce livre délicat, passionné, exquis de fond et de forme, est consacré à celles et à ceux qui croient que l'argent n'est pas encore, quoi qu'on dise, le maître du monde, et que l'amour doit en triompher. Les derniers rêveurs et les dernières rêveuses, de M. Paul Perret, nous reposent délicieusement des odieux *struggleforlifeurs* qui encombrent le roman moderne.

SADIA. — Titiane. Un vol. in-18. . . . . 3 fr. 50

Parmi tous les romans qu'on a écrits sur les ménages d'officiers, sur les pénibles séparations qu'impose la vie militaire, il en est peu d'aussi vrais, d'aussi émouvants que ce récit. L'auteur nous raconte les poignantes aventures d'une jeune et charmante femme dont le mari a été au Tonkin conquérir un avancement trop lent à son gré, et qui est demeurée seule, exposée aux méchants propos d'une ville de garnison. A côté de l'intérêt dramatique de l'intrigue, nous devons noter l'attrait tout spécial d'une observation très fine et très juste du monde des officiers.

GAULLIEUR (Henri). — Daniel Cummings. Un vol. in-18. 3 fr. 50

Cette histoire captivante se passe dans un milieu peu connu, fort curieux, que l'auteur décrit à merveille. C'est dans le monde diplomatique, à Rome, chez le ministre des Etats-Unis, que se déroulent la plupart des scènes de ce roman. M. Henri Gaullieur excelle à peindre les mœurs américaines; il nous fait connaître les idées, si différentes des nôtres, qu'on a dans le nouveau monde sur l'amour, sur la fortune, sur la société, sur le mariage, etc. Le *flirt* tient une large place dans *Daniel Cummings*, et ce n'est pas un des côtés les moins piquants de cet original et charmant récit.

Dernière publication du même auteur :

Maud Dexter. *Scènes américaines.* Un vol. in-18. . . . . 3 fr. 50

DAUDET (Ernest). — Daniel de Kerfons. *Confession d'un homme du monde.* Un vol. in-18. Prix. . . . . 3 fr. 50

Le héros de ce roman dramatique est un galant homme dans toute l'acception du terme, doué des sentiments les plus nobles. Mais c'est en même temps un cœur tendre, accessible à tous les troubles, à toutes les ivresses, à tous les orages de la passion. Plusieurs figures de femmes, peintes avec un sentiment exquis de la beauté et de la délicatesse féminines, traversent ce livre. La psychologie de l'« homme du monde » y est aussi tracée de main de maître.

BRADA. — Madame d'Épone. Un vol. in-18. Prix . . . . 3 fr. 50

Un ménage charmant où mari et femme, intelligents, bons, dévoués, honnêtes, sincèrement épris l'un de l'autre, sont parfaitement heureux, et où l'arrivée d'une enfant a complété le bonheur; — un séducteur qui vient troubler la sérénité d'une union si bien assortie; — une mère qui se dévoue à sa fille et sacrifie, pour la sauver, son honneur, sa vie même : tel est le séduisant et dramatique récit que vient de publier Brada. L'intrigue est merveilleusement nouée et dénouée, les caractères sont tracés de main de maître. L'auteur a placé ses personnages dans un cadre élégant, dans ce *high-life* qu'il excelle à peindre.

Dernière publication du même auteur :

Compromise. Un vol. in-18. Prix. . . . . 3 fr. 50

JEAN DE LA BRÈTE. — Mon Oncle et mon Curé. Un vol. in-18. Prix . . . . 3 fr. 50

C'est un original et charmant récit, écrit avec une vivacité et un brio extraordinaires, que vient de publier sous ce titre Jean de la Brète. Une fillette mutine, à la fois pleine de candeur et de hardiesse, nous raconte, dans cet aimable livre qui peut être mis dans toutes les mains, sa triste enfance, ses aspirations de bonheur, ses rêves d'amour, ses espérances, les déboires, les épreuves qui ont assailli son pauvre petit cœur, et enfin comment, après de pénibles péripéties, elle est arrivée à conquérir l'affection du galant homme dont elle s'est éprise et à l'épouser. Reine (c'est le nom de la séduisante héroïne qui nous donne ici son autobiographie) vit entre son oncle et son curé, avec lesquels elle a les plus curieuses discussions, qu'elle scandalise souvent par sa franchise et sa verve ingénue, et qui néanmoins aiment tendrement la jolie enfant, si digne du bonheur qu'elle finit par obtenir. Les lecteurs seront certainement du même avis que l'oncle et le curé.

LOMON (Charles). — Amour sans nom. Un vol. in-18.. . 3 fr. 50

Aimer follement celle qui se croit sa fille, et passe pour telle aux yeux de tous; haïr furieusement celui qu'elle aime, et ne la lui arracher que pour la livrer à un autre, telle est la situation du héros d'*Amour sans nom*, le nouveau roman de M. Charles Lomon, situation qui, fatalement, aboutit à la folie et au crime. *Amour sans nom* est une œuvre étrangement puissante, originale et hardie; si hardie qu'on est tenté de la croire vécue. Mais si la vie réelle en a fourni la trame, l'auteur en a singulièrement accru le charme par l'éclat du style et l'intérêt des développements.

BESNERAY (M. de). — Les Mirages du bonheur. Un vol. in-18. Prix. . . . . 3 fr. 50

L'intrigue de ce roman est des plus intéressantes. Elle donne lieu à des scènes exquises, et se termine par un drame sanglant qui justifie le titre mélancolique du livre. Pour Marie de Besneray, le bonheur est un mirage, et la douleur seule est presque toujours réelle, selon le mot célèbre de Schopenhauer. Ce roman, plein de tendresse et trempé de larmes, montre avec une admirable justesse combien la vie est féconde en déceptions pour les âmes les plus dignes d'être heureuses. Tel est le sentiment qui domine ces pages délicates, que les femmes liront passionnément.

JACQUES VINCENT. — Vaillante. (*Ce que femme veut.*) Un volume in-18. Prix................. 3 fr. 50

(Couronné par l'Académie française.)

L'auteur de ces séduisants récits qui s'appellent : *Misé Féréol, la Comtesse Suzanne, le Cousin Noël, le Retour de la princesse*, nous donne aujourd'hui un roman des plus touchants, écrit avec une élégance et une délicatesse exquises, renfermant une donnée fort entraînante et une leçon morale. Tiomane, héroïne de *Vaillante* (*Ce que femme veut*), est une pauvre petite ânière qui, en récompense d'un acte de courage, est adoptée par une riche famille. Mais les bienfaiteurs de Tiomane subissent un jour les coups de l'adversité, et c'est à la vaillante enfant qu'ils doivent alors leur salut.

Amuser, passionner, faire chatoyer toutes les nuances d'un style infiniment souple et coloré, en même temps, montrer le courage et la vertu d'une jeune fille triomphant de tous les obstacles, et produire ainsi une œuvre honnête, saine, réconfortante, qui peut, chose rare, être mise dans toutes les mains : tel est le résultat qu'a obtenu Jacques Vincent avec *Vaillante*. Voilà un succès des plus vifs et du meilleur aloi.

DOSTOIEVSKY. — Les Frères Karamazov. Deux vol. in-18. Prix. 7 fr.

Dans les *Frères Karamazov*, Dostoïevsky se montre psychologue incomparable, parce qu'il y étudie les âmes qu'il a le mieux aimées, le mieux comprises : *les âmes noires et blessées* ; il s'y montre aussi dramaturge merveilleux dans d'innombrables scènes d'effroi et de pitié. Effroi et pitié, telles sont en effet les deux dominantes de cette œuvre. Nous les connaissons déjà, ces frissons que Dostoïevsky excelle à faire courir dans nos veines ; nous les avons ressentis en lisant *Crime et châtiment*, les *Souvenirs de la maison des Morts*, l'*Idiot* et les *Possédés*. Nous les retrouvons avec plus d'intensité que jamais dans les *Frères Karamazov*.

TOLSTOI (comte Léon). — Contes et Fables, traduit du russe, avec l'autorisation de l'auteur, par E. HALPÉRINE-KAMINSKI, précédé d'une préface de l'auteur. Un vol. in-18 Prix...... 3 fr. 50

Tolstoï, le grand écrivain et le grand philanthrope russe, a écrit, à côté de ses romans si dramatiques, un petit livre des plus curieux : c'est un recueil de contes et de fables populaires. On y retrouve le peuple russe avec ses vertus et ses vices, ses beautés et ses laideurs.

Sous presse, pour paraître prochainement :

BOISGOBEY (F. du). — Fontenay-Coup d'épée. Deux vol. in-18. 7 fr. »
GALL (Paul). — Francette. Un volume in-18. Prix...... 3 fr. 50

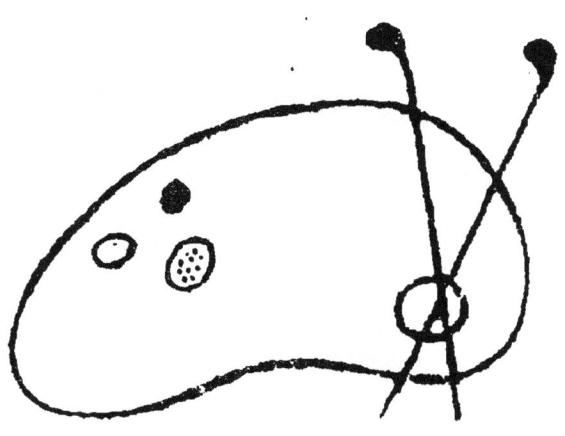

Fin d'une série de documents
en couleur

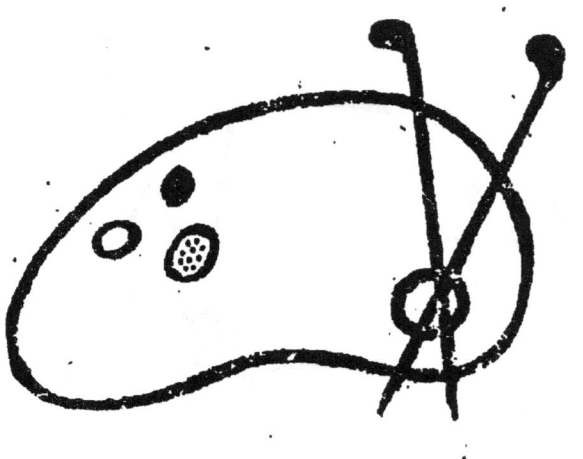

Original en couleur
NF Z 43-120-B